Gabriel Bozza

Redação ciberjornalística:

teoria e prática na comunicação digital

SÉRIE EXCELÊNCIA EM JORNALISMO

DIALÓGICA

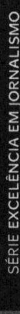

EDITORA intersaberes

O selo DIALÓGICA da Editora InterSaberes faz referência às publicações que privilegiam uma linguagem na qual o autor dialoga com o leitor por meio de recursos textuais e visuais, o que torna o conteúdo muito mais dinâmico. São livros que criam um ambiente de interação com o leitor – seu universo cultural, social e de elaboração de conhecimentos –, possibilitando um real processo de interlocução para que a comunicação se efetive.

EDITORA intersaberes

Rua Clara Vendramin, 58 . Mossunguê
CEP 81200-170 . Curitiba . PR . Brasil
Fone: (41) 2106-4170
www.intersaberes.com
editora@editorainteraberes.com.br

Conselho editorial
Dr. Ivo José Both (presidente)
Drª Elena Godoy
Dr. Nelson Luís Dias
Dr. Neri dos Santos
Dr. Ulf Gregor Baranow

Editora-chefe
Lindsay Azambuja

Supervisora editorial
Ariadne Nunes Wenger

Analista editorial
Ariel Martins

Preparação de originais
Mariana Bordignon

Edição de texto
Viviane Fernanda Voltolini
Flávia Garcia Penna
Gustavo Piratello de Castro

Capa e projeto gráfico
Charles L. da Silva

Diagramação
Andreia Rasmussen

Equipe de *design*
Charles L. da Silva
Sílvio Gabriel Spannenberg
Mayra Yoshizawa

Iconografia
Celia Kikue Suzuki
Regina Claudia Cruz Prestes

Dados Internacionais de Catalogação na Publicação (CIP)
(Câmara Brasileira do Livro, SP, Brasil)

Bozza, Gabriel
    Redação ciberjornalística: teoria e prática na comunicação digital/Gabriel Bozza. Curitiba: InterSaberes, 2018. (Série Excelência em Jornalismo)

    Bibliografia.
    ISBN 978-85-5972-818-7

    1. Comunicação digital 2. Jornalismo 3. Jornalismo eletrônico 4. Redação jornalística I. Título. II. Série.

18-19670   CDD-070.449004

Índices para catálogo sistemático:
1. Jornalismo digital 070.449004

Maria Alice Ferreira – Bibliotecária – CRB-8/7964

1ª edição, 2018.

Foi feito o depósito legal.

Informamos que é de inteira responsabilidade do autor a emissão de conceitos.

Nenhuma parte desta publicação poderá ser reproduzida por qualquer meio ou forma sem a prévia autorização da Editora InterSaberes.

A violação dos direitos autorais é crime estabelecido na Lei n. 9.610/1998 e punido pelo art. 184 do Código Penal.

Sumário

6   Agradecimentos
8   Prefácio
13   Apresentação
18   Como aproveitar ao máximo este livro

Parte 01
23   **Ciberjornalismo**

Capítulo 01
24   **Novo olhar para as estruturas, os formatos e os conteúdos**
34   Convergência e dilema de gêneros
39   Reconfiguração dos gêneros tradicionais
47   Ciberjornalismo informativo
56   Ciberjornalismo interpretativo
69   Ciberjornalismo dialógico
78   Ciberjornalismo argumentativo
93   Ciberjornalismo diversional hibridizado

Capítulo 02
111 Características do ciberjornalismo
- 114 Ubiquidade no ciberespaço
- 115 Seleção para reduzir a fadiga
- 115 Do hipertexto ao hiperlink
- 121 Hipermídia
- 128 Narrativa transmídia
- 131 Interação hipermidiática
- 136 Investimentos baixos
- 137 Armazenamento e rastreamento de informações
- 139 Customização do conteúdo
- 143 Usabilidade

Parte 02
149 Pensando a produção para a *web*: passo a passo da redação ciberjornalística

Capítulo 03
150 Planejamento para os cibermeios
- 154 Apuração em cibermeios
- 157 Checagem de fontes de informação
- 162 Redação ciberjornalística

Capítulo 04
175 Arte de escrever para a *web*
179 Primeiros passos
199 Texto consolidado
200 Divulgação de conteúdo

Parte 03
205 Novos caminhos para o ciberjornalismo

Capítulo 05
206 Linguagem jornalística *on-line* atual
208 Ciberjornalismo e ciberjornalista
217 *Marketing*, recursos e habilitações
225 Novas funções ciberjornalísticas

241 *Para concluir...*
244 *Para exercitar A*
246 *Para exercitar B*
247 *Estudo de caso*
250 *Referências*
260 *Respostas*
264 *Sobre o autor*

Agradecimentos

A minha mãe e a meus familiares, pelo apoio irrestrito na produção desta obra.

Ao amigo jornalista Guilherme Gonçalves de Carvalho, pela confiança na produção deste livro.

Ao amigo jornalista José Carlos Fernandes, pelo suporte, diante de sua excelência como pessoa e amigo, e por aceitar escrever o prefácio.

Ao jornal paranaense *Gazeta do Povo*, aos colegas e aos amigos do período em que ali trabalhei pelas muitas experiências possíveis de serem relatadas nesta obra. Ter sido profissional de redação no dia a dia do ciberjornalismo me dá credibilidade para relatar a prática e a teoria.

Aos profissionais e aos pesquisadores renomados brasileiros e internacionais que me permitiram avançar nesta obra com suas contribuições nos últimos 20 anos sobre o ciberjornalismo.

Àqueles aventureiros que percorrerão diferentes trajetos nesta obra e contribuirão para o futuro com novos caminhos para o ciberjornalismo.

"Uma obra assim entendida é, sem dúvida, uma obra dotada de certa 'abertura'; o leitor do texto sabe que cada frase, cada figura, se abre para uma multiformidade de significados que ele deverá descobrir; inclusive, conforme seu estado de ânimo, ele escolherá a chave de leitura que julgar exemplar, e usará a obra na significação desejada (fazendo-a reviver, de certo modo, diversa de como possivelmente ela se lhe apresentara numa leitura anterior). Mas nesse caso 'abertura' não significa absolutamente 'indefinição' da comunicação, 'infinitas' possibilidades da forma, liberdade da fruição; há somente um feixe de resultados fruitivos rigidamente prefixados e condicionados, de maneira que a reação interpretativa do leitor não escape jamais ao controle do autor."

(Umberto Eco)

Prefácio

Guia para navegar num oceano

A alvorada da internet, nos anos 1990, liberou toda sorte de obscurantismos que se possam imaginar – inclusive os mais medievais. Não são todos infundados ou ilegítimos, mas são medos. E medos fazem com que muralhas sejam erguidas e vigiadas, mesmo que não haja inimigos à espreita. Fazem com que milhares de freios de mão sejam puxados ao mesmo tempo por motoristas que circulam numa *freeway*. Medos produzem acidentes em série. Causam estragos. Foi o que aconteceu.

Passados mais de 20 anos desde o começo dessa revolução – com a fúria de um zepelim ganhando os ares –, é possível fazer um balanço dos danos. Não houve perda total, como se pode ver. Os vencimentos são notáveis. A sociedade está cada vez mais informatizada e a democracia virtual está longe de ser uma abstração. *Rede* é uma palavra que irmana. Tal processo se deu com tamanha velocidade que muitos dos nascidos quando as redes já existiam mal conseguem imaginar como era viver antes delas. Mais fácil lhes parece falar do tempo dos dinossauros. Engraçado.

Por outro lado, o pesar quase patológico diante do mundo esplendoroso que a internet teria enterrado – sem dó – produziu uns tantos atrasos. A conversa em torno das rasteiras dadas pela sociedade informática desandou num Fla-Flu binário e estéril. Parte da bibliografia produzida, com a danação própria dos profetas do desterro, envelheceu nas estantes. Livros sobre internet escritos há menos de uma década servem de arqueologia, como nunca tinha acontecido antes. Os palpites sinistros defendidos por uma leva de especialistas se tornaram risíveis. As balas dedicadas a atirar premissas de que a *web* seria uma geradora de ignorância só serviram para abater ursinhos no parque de diversões.

O trabalho do jornalista e pesquisador Gabriel Bozza transita no sentido contrário. Chega de ressentimentos. Traz oxigênio a um debate que ainda se mostra eivado de preconceitos de um lado e de uma euforia adolescente, tão nociva quanto, do outro. Na gangorra, equilibra-se ao meio. É a partir desse lugar de risco – logo, de possibilidades – que organiza o caos que impera no território mais teorizado de todos os tempos. Cada novo estudo sobre o engajamento – ou não – dos leitores de *web*, cada análise sobre o tempo gasto num *site*, a migração do internauta para novos conteúdos, entre tantos pontos desse vasto repertório, parecem deixar os interessados como uma criança rodopiada no escuro. São tempos difíceis, que o autor se ocupa de decantar. Em vez de bravatas, pequenas histórias captadas do noticiário, que o autor costura com a teoria. O real e o ideal saem de mãos dadas, num bom passeio.

Aqui, a internet se despe da fantasia do bicho-papão para ser investida do que é: uma linguagem. Considera-se que tem vocabulário próprio, inteligência, repertório. Como em qualquer idioma, o imperativo é destacar suas regras gramaticais para que possa ser falado, concretizando a maior das aventuras humanas: a comunicação. Ao reconhecer a língua da internet, a obra de Bozza não faz outra coisa senão mostrar caminhos para que jornalistas, blogueiros e quem quer que se aventure aprendam a contar uma história na internet, com os recursos que permite, livrando-se do maior dos carmas: o que tentou fazer da rede um apêndice dos demais meios.

Jornalismo na *web* nada tem de segunda linha. Foi-se o tempo em que era sinônimo de transposição mecânica dos conteúdos do impresso, um quarto de despejo. O que ocorreu com o universo digital faz lembrar o desabafo feito, primaveras atrás, pela *videomaker* Sandra Kogut a respeito de outro suporte – a televisão. A TV brasileira pensava ser cinema, quando não, teatro; por isso, não explorava a palheta da tela pequena, pontilhada, bidimensional, verdadeiro convite a brincar com janelas e narrativas fragmentadas. Resultado: mais de 60 anos depois de Lolita Rodrigues cantar na inauguração da Tupi, pouco mudou, em essência. O quadradismo venceu, à revelia da onipresença das emissoras nos lares do país. Em resposta a essa estática, Kogut fez *Parabolic People*, videoarte que serviu de passaporte para a linguagem televisiva sair das raias e encontrar uma voz.

    A tentação de comparar a "televisão quadrada" com a "*web* engessada" é flagrante. Custou à luz na tela, às possibilidades audiovisuais, às interações e aos jogos, entre tantos recursos, serem assumidos como uma caixa de ferramentas para narrar na internet – e narrar bem. Parte dessa resistência se deve a uma crença na supremacia dos meios impressos – por seu impressionante poder de contaminação da notícia. Um virar de páginas pode equivaler a pisar na Lua. Mas até agora ninguém provou que a internet planejou um atentado à mais sólida tradição jornalística. A questão é o modo muito próprio que a *web* tem de "dizer". Ignorar é uma negligência diante do meio que pode conectar 7 bilhões de pessoas. Quem professa essa fé que siga adiante.

    Em tese, a notícia não mudou. Segue sua hierarquia. Obedece a sua cozinha. Mas a dicção da *web* tende a escapar dos espartilhos dos lides e das pirâmides. Não há como deixar de bater continência para um saber tão sólido, provado no tempo, mas urge reconhecer que a internet tem seu jeito muito próprio de se defender. Dissemina-se, para encontrar outras margens. Compõe. Articula. Une falas dispersas. Como no início da imprensa – nutrido das técnicas dadaístas da colagem –, o jornalismo na rede de computadores é híbrido, diverso, sortido. Pede menos licença. Flui. Despreza os títulos de nobreza que antes pareciam diferir texto, som e imagem. Todos estão ao rés do chão. Há biodiversidade de ideias, como diria Steven Johnson. A *web* pode ser lúdica sem ser banal. Não vê pecado no verbo *entreter*, ainda que seja *expert* em informar. Longe de merecer tremores nas pernas e ganas de indignação, tem a qualidade de abrir as comportas da comunicação. Provoca um aguaceiro, pois a internet é o oceano.

Bozza não se aflige com o tamanho do mar. Põe a bússola para funcionar. Leva os leitores para passear por esses mares bravios. Fala com quem navega sobre a arte e a técnica de navegar. Já não era sem tempo.

José Carlos Fernandes
Jornalista e professor do curso de Jornalismo
da Universidade Federal do Paraná (UFPR)

Apresentação

As peripécias por um território navegável a ser (re)descoberto começam agora!

A redação ciberjornalística demanda conhecimento, reconhecimento, habilitação e aperfeiçoamento para o pleno uso das estratégias, dos formatos e dos conteúdos do ciberjornalismo. Por isso, debater a construção de um pensamento comunicacional com base na estruturação de uma produção jornalística digital exige conhecer esse terreno repleto de armadilhas. Requer conhecimentos teóricos e práticos para lidar com o excesso de informações. Exige planejar, produzir, circular, distribuir e redistribuir por diferentes plataformas de veículos de comunicação digitais. Os conteúdos dinâmicos são interativos, hipermidiáticos e hipertextuais. Revigoram os espaços virtuais e catalisam os participantes que dispõem de instrumentos técnicos para executar a construção de informação em multiplataformas.

Nesta obra, criamos condições de aprendizado aos ciberjornalistas, aos estudantes e aos demais interessados no campo ciberjornalístico. Desbravamos perspectivas teóricas e práticas. Além disso, tratamos de mecanismos que permitem a estruturação, a formatação e a divulgação de materiais produzidos em redações presenciais ou virtuais, em iniciativas pessoais ou em outros canais digitais de mídias independentes ou alternativas. Nosso objetivo não é dispor um emaranhado de explicações sobre o surgimento da internet nem sobre seu percurso histórico, mas versar sobre os gêneros revigorados do ciberjornalismo, dar dicas de planejamento e redação e apontar os novos caminhos a serem percorridos.

A produção para a *web* é objeto de atenção por parte de investigadores de todo o mundo: dos viajantes mais preparados aos menos. Saber escrever, editar, pensar, planejar, identificar e aplicar as reflexões aqui desenvolvidas sobre estruturas, formatos e conteúdos é fundamental no dia a dia de um ciberjornalista. Nesta obra, apresentamos novidades, dicas preciosas e valorosas contribuições emanadas de esforços epistemológicos, isto é, geração de conhecimento, demonstrados há anos por profissionais e por pesquisadores que buscam entender da melhor forma como produzir conteúdos atrativos para o ciberusuário que transita por mares revoltos e infinitos.

Nesses 22 anos de ciberjornalismo, o Brasil ocupa papel de protagonista no cenário mundial. Cibermeios dinâmicos, formatos e estruturas atraentes e conteúdos com narrativas diferenciadas solidificam a importância do país nas redes digitais. São marcos da transformação do jornalismo digital: a informatização das estruturas redacionais desde 1980; a criação de equipes para a produção de notícias digitais e agências de notícias a partir de 1995; o progresso das tecnologias da informação e comunicação; a atual ebulição da integração de equipes impressas e digitais vivenciada de 2005 em diante; o investimento em instrumentos de inovação ciberjornalística nos veículos digitais; as novas mídias; e os índices de audiência e assinaturas crescentes.

Houve uma reconfiguração nas formas de realizar as tarefas nas redações. O profissional redator do impresso dá lugar ao profissional multimídia e multiplataformas. A convergência midiática leva à otimização de recursos e de ferramentas estratégicas para a presença digital dos cibermeios, ao mesmo tempo que exige o aperfeiçoamento do papel do ciberjornalista nas redações. Os dilemas citados nesta exposição inicial serão destacados a partir de agora. A obra é dividida em três partes e cinco capítulos.

Na Parte 1, intitulada "Ciberjornalismo", discorremos sobre os gêneros ciberjornalísticos, seus formatos e as características da comunicação digital, para possibilitar aplicações em *sites*, portais, *blogs* e redes sociais digitais. No Capítulo 1, "Novo olhar para as estruturas, os formatos e os conteúdos", enfocamos a convergência e o dilema de gêneros e propomos a classificação de formatos segundo gêneros ciberjornalísticos, os quais podem ser informativos, interpretativos, dialógicos, argumentativos e diversionais híbridos. Esta última é uma nova nomenclatura que aqui sugerimos para absorver as mais recentes inovações e demandas em novas dinâmicas de produções digitais jornalísticas. No Capítulo 2, "Características do ciberjornalismo", demonstramos os principais elementos que compõem a narrativa nas redes informáticas. Definimos conceitos de fisiologia, instantaneidade, investimentos baixos aplicados na produção e na atualização dos conteúdos informativos, memória, personalização e ubiquidade. Detalhamos também o tripé hipertexto (hiperlink), hipermídia e interatividade. Afinal, a navegação passa por essas características.

Na Parte 2, "Pensando a produção para a *web*: passo a passo da redação ciberjornalística", debatemos a necessidade de estruturar mecanismos para o planejamento e a produção no segmento digital. Logo no Capítulo 3, "Planejamento para os cibermeios", discorremos sobre os procedimentos de pesquisa, checagem de fontes de informação e redação de informações. No Capítulo 4, "Arte de escrever para a *web*", apresentamos os primeiros passos para a redação *on-line* com oito dilemas enfrentados pelos profissionais nas redações brasileiras. Na sequência, verificamos como consolidar o texto para a posterior divulgação.

Por fim, na Parte 3, "Novos caminhos para o ciberjornalismo", comentamos sobre as transformações, os desafios e as oportunidades que são oferecidos pelo ciberjornalismo. No Capítulo 5, "Linguagem jornalística *on-line* atual", expomos as mudanças provocadas nos padrões do ciberjornalismo e que afetam a rotina da prática ciberjornalística. A segunda tela, os cidadãos jornalistas e a curadoria jornalística são transformações evidenciadas. Os desafios envolvem o *marketing*, os recursos e as habilitações dos profissionais. Essas mudanças viabilizam o surgimento de novas funções nas redações e a elaboração de conteúdos diferenciados por meio de dispositivos móveis e do uso de jornalismo de dados.

Aventure-se na *web* sem medo! Esse é o nosso desejo, comandante.

Como aproveitar ao máximo este livro

Este livro traz alguns recursos que visam enriquecer seu aprendizado, facilitar a compreensão dos conteúdos e tornar a leitura mais dinâmica. São ferramentas projetadas de acordo com a natureza dos temas que vamos examinar. Veja a seguir como esses recursos se encontram distribuídos no decorrer desta obra.

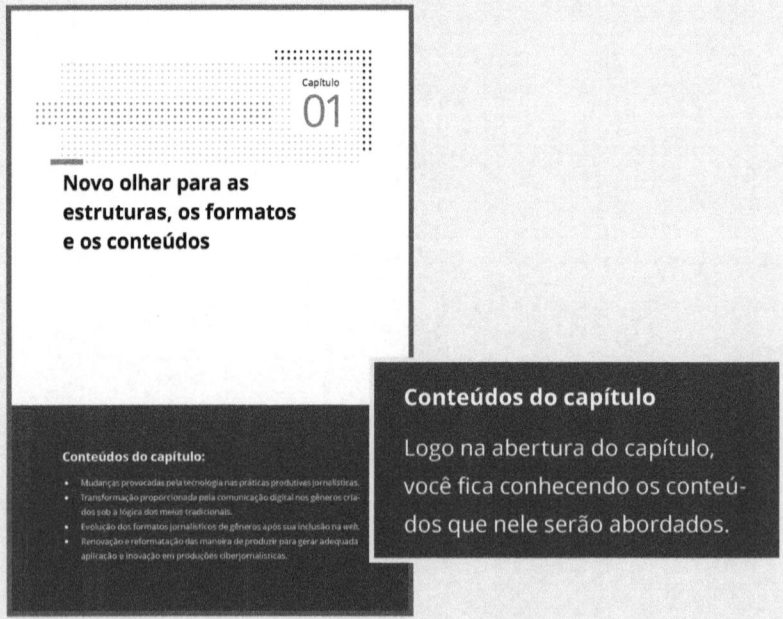

Redação ciberjornalística: teoria e prática na comunicação digital

Após o estudo deste capítulo, você será capaz de:

1. detalhar como a convergência interfere na construção de gêneros jornalísticos tradicionais;
2. detectar a necessidade de pensar os gêneros ciberjornalísticos;
3. reconhecer os diferentes gêneros ciberjornalísticos;
4. identificar os formatos e as características para aplicar cada gênero ciberjornalístico.

Após o estudo deste capítulo, você será capaz de:

Você também é informado a respeito das competências que desenvolverá e dos conhecimentos que adquirirá com o estudo do capítulo.

O progresso tecnológico, ao longo das últimas décadas, tem causado transformações sociais que são estudadas por especialistas nos mais variados campos do conhecimento humano. É um mapa com o trajeto ao tesouro. As formas de comunicar mudaram e os novos *softwares*, aplicativos, *gadgets*, redes sociais digitais e instrumentos permitem aos indivíduos participar de espaços compartilhados, síncronos ou assíncronos, não privados e catalisadores de (des)conexões imediatas. O duradouro nas relações pessoais dá lugar ao passageiro no espaço virtual.

Linguagem jornalística *on-line* atual

Perguntas & respostas

Como ocorreram os casos recentes de vazamento de dados?
Vazamentos de dados são exemplos de enfrentamento aos poderes estabelecidos pelo uso adequado de planilhas e *softwares* avançados, capazes de mostrar irregularidades cometidas em gestões e revelar informações privilegiadas.

Recentemente, o jornalista Julian Assange virou figura conhecida por divulgar informações confidenciais e documentos sigilosos de governos e empresas no WikiLeaks, uma organização sem fins lucrativos na Suécia.

O ex-técnico da CIA Edward Snowden é outro nome conhecido por divulgar detalhes do programa de espionagem e vigilância da segurança dos Estados Unidos e monitoramento telefônico de personalidades políticas em todo o mundo. Eles consultaram grandes bases de dados privilegiadas e restritas.

Hoje, porém, ao examinar bancos de dados e extrair dados desconhecidos e úteis, dependemos de *softwares* avançados capazes de viabilizar o que chamamos *mineração de dados* (*data mining*). No Laboratório de Estudos sobre Imagem e Cibercultura (Labic), na Universidade Federal do Espírito Santo (Ufes), o jornalista Fábio Malini (2017) trouxe um exemplo de extração de dados por esse instrumento ao produzir conhecimento a partir

Perguntas & respostas

Nesta seção, o autor responde a dúvidas frequentes relacionadas aos conteúdos do capítulo.

Síntese

Você dispõe, ao final do capítulo, de uma síntese que traz os principais conceitos nele abordados.

Questões para revisão

Com estas atividades, você tem a possibilidade de rever os principais conceitos analisados. Ao final do livro, o autor disponibiliza as respostas às questões, a fim de que você possa verificar como está sua aprendizagem.

Estudo de caso

Esta seção traz a seu conhecimento situações que vão aproximar os conteúdos estudados de sua prática profissional.

Estudo de caso

As mudanças de consumo de informação e novas audiências alertam os meios de comunicação, principalmente os tradicionais, sobre a necessidade de se adaptar às transformações na comunicação digital. Os consumidores exigem produtos comunicacionais voltados a seus interesses. Entender a sociedade é fundamental para a produção de um jornalismo com qualidade e influente entre os leitores. Nesse contexto, fiscalizar e monitorar as ações sociais é objeto jornalístico. Veículos brasileiros como *Folha de S.Paulo*, *Gazeta do Povo*, *Nexo*, *Nova Escola* e *Veja* estão atentos à necessidade de entender a sociedade.

Diante desse panorama, uma iniciativa inovadora que mede a influência do jornalismo na sociedade, o Impacto.jor, surgiu do interesse de se verificar o impacto de reportagens na sociedade. O *software* criado permite reportar e agregar impactos para avaliar o desempenho das equipes no jornalismo e mostrar para a sociedade que consome a informação de um meio de comunicação que ele tem influência na sociedade e importância para as mudanças nela ocorridas. Isso evidencia a relevância do veículo para a sociedade. Essa é uma experiência inédita propiciada pelo Google News Lab, no Brasil, em parceria com o Instituto para o

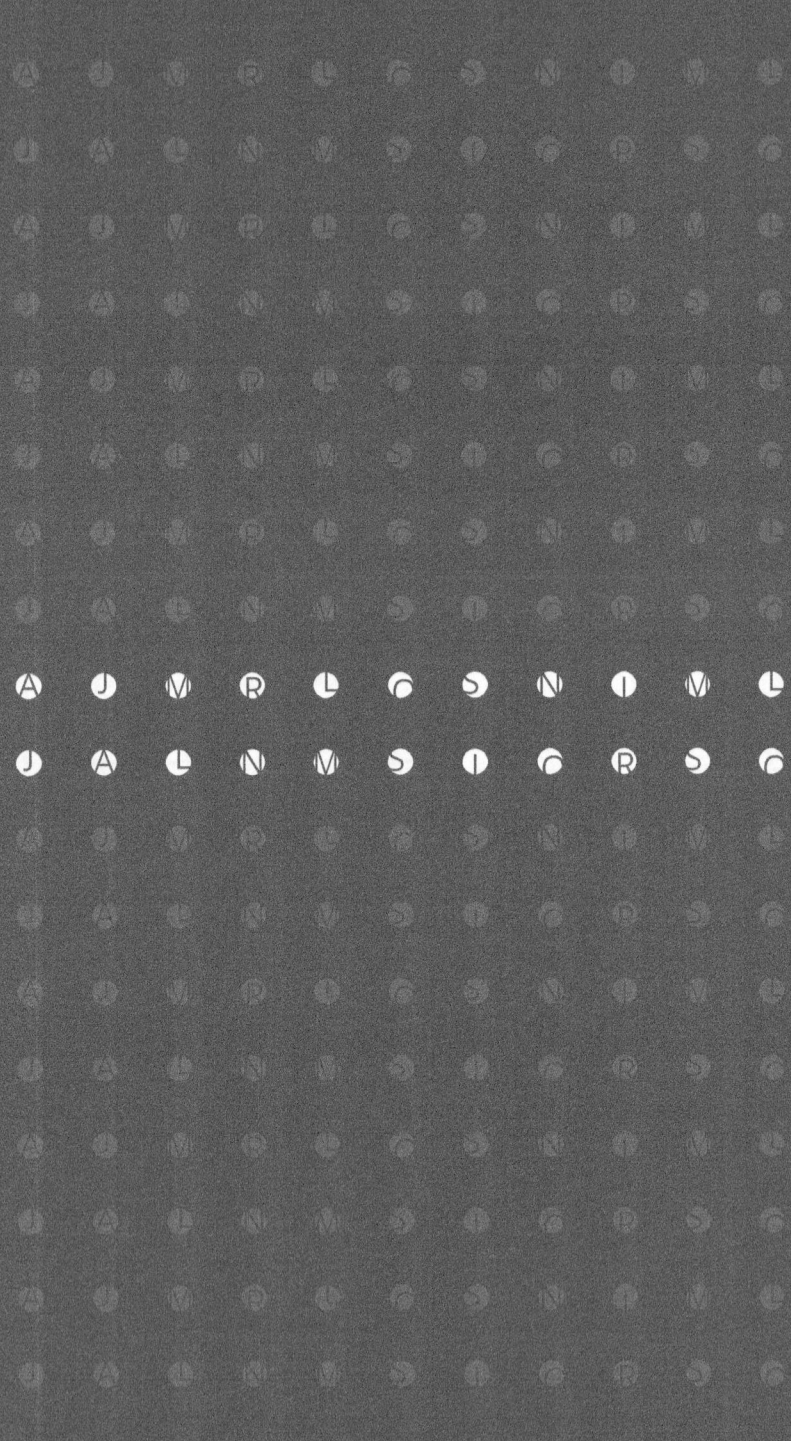

Parte 01

Ciberjornalismo

Capítulo

01

Novo olhar para as estruturas, os formatos e os conteúdos

Conteúdos do capítulo:

- Mudanças provocadas pela tecnologia nas práticas produtivas jornalísticas.
- Transformação proporcionada pela comunicação digital nos gêneros criados sob a lógica dos meios tradicionais.
- Evolução dos formatos jornalísticos de gêneros após sua inclusão na *web*.
- Renovação e reformatação das maneira de produzir para gerar adequada aplicação e inovação em produções ciberjornalísticas.

Após o estudo deste capítulo, você será capaz de:

1. detalhar como a convergência interfere na construção de gêneros jornalísticos tradicionais;
2. detectar a necessidade de pensar os gêneros ciberjornalísticos;
3. reconhecer os diferentes gêneros ciberjornalísticos;
4. identificar os formatos e as características para aplicar cada gênero ciberjornalístico.

O progresso tecnológico, ao longo das últimas décadas, tem causado transformações sociais que são estudadas por especialistas nos mais variados campos do conhecimento humano. É um mapa com o trajeto ao tesouro. As formas de comunicar mudaram e os novos *softwares*, aplicativos, *gadgets*, redes sociais digitais e instrumentos permitem aos indivíduos participar de espaços compartilhados, síncronos ou assíncronos, não privados e catalisadores de (des)conexões imediatas. O duradouro nas relações pessoais dá lugar ao passageiro no espaço virtual.

Diante dessas indagações, pesquisadores do jornalismo também se empenham para compreender as mudanças provocadas pela influência da tecnologia nas práticas jornalísticas. Novas perspectivas sociais, técnicas e operacionais no jornalismo digital surgem e evidenciam que há um campo em potencial a ser explorado. Nesse cenário, inscreve-se um desafio provocado pelos constantes avanços tecnológicos que afetam os meios de comunicação tradicionais, principalmente na forma de produzir conteúdos, e resultam em novas estruturas e narrativas multimidiáticas.

Por isso, explicar como produzir no jornalismo digital é nossa tarefa nesta obra. Nessa empreita, precisamos de instrumentos que possibilitem o bom exercício profissional e organizacional. Para isso, devemos repensar as estruturas de produção, circulação e distribuição da informação jornalística *on-line*. O jornalista digital não deve ser mais aquele profissional que faz a transposição de dados da plataforma impressa para a digital, premissa aproximativa com a época da Web 1.0, em que o consumidor era passivo diante de uma informação, correspondente à primeira fase do jornalismo digital, na década de 1990.

O internauta não podia interagir como o faz na Web 2.0. Hoje, já estamos numa fase de transição para uma Web 3.0, marcada pela **websemântica**, que propicia uma busca otimizada, cujo foco é a configuração de produtos jornalísticos para o usuário considerando-se sua individualidade como consumidor.

Antes de introduzirmos a discussão de gêneros jornalísticos, devemos relembrar os mares desbravados com a evolução dos *sites*, portais e *blogs*. O primeiro *site* jornalístico brasileiro de que se tem conhecimento é o *Jornal do Brasil*, que surgiu em 28 de maio de 1995, mesmo antes da massificação da internet, iniciada no país nos anos 2000. Posteriormente, *O Globo* e a *Agência Estado* incluíram na internet suas páginas (Ferrari, 2004). O semanário *IstoÉ* e a revista *Exame*, um ano depois, também marcaram presença na rede (Barbosa, 2016). A partir disso, ocorreu a concentração de grandes grupos de veículos de comunicação nas mãos de poucas famílias brasileiras, crescendo, inclusive, o número de políticos detentores dos direitos dos meios de comunicação no Brasil.

Navegue

AGÊNCIA ESTADO. Broadcast. Disponível em: <http://institucional.ae.com.br/>. Acesso em: 18 jul. 2018.

JORNAL DO BRASIL. Disponível em: <http://www.jb.com.br/>. Acesso em: 18 jul. 2018.

O GLOBO. Disponível em: <http://oglobo.globo.com/>. Acesso em: 18 jul. 2018.

Os *sites* começaram a oferecer uma grande quantidade de conteúdo aos usuários. A atenção dos cibermeios não estava mais voltada à produção de conteúdos aprofundados. Esse foi o grande dilema de 1997 a 2000, quando os proprietários imaginavam que o ganho e o *glamour* seriam ampliados com pouco investimento e criatividade (Ferrari, 2004). Ledo engano. A preocupação com o tripé conteúdo de qualidade, *design* acessível e viabilidade financeira (Ferrari, 2004) passou a ser objeto de atenção de investidores – e até então aventureiros – sem o mapa do tesouro dos meios digitais.

Depois dessa fase de grandes *homepages* e *sites* pessoais e institucionais, amparados pelo acesso *dial-up* (internet discada), os usuários passaram a ser o foco. Nessa época, surgiram portais gratuitos. De acordo com Ferrari (2004), um portal busca atrair e manter um internauta ao apresentar, em sua página inicial (a *homepage*), uma chamada para conteúdos diferenciados, de várias origens e áreas, por exemplo, ferramentas de busca, comunidades, entretenimento e esportes, *e-mail*, notícias, dados econômicos e *chat*.

O jornalismo precisou adaptar-se, assim como os grandes conglomerados de infotelecomunicação. As empresas de radiodifusão sonora e audiovisual marcaram presença na internet com a criação da primeira web TV, a UOL TV, em 1997, e, um ano depois, com a primeira web rádio, a Totem (Barbosa, 2016). Na rede, em 1999, surgiram ainda os portais verticais, atualmente sustentados pela marca de dinamismo na busca de atrativos no *site* de empresas jornalísticas. "Focados em um assunto específico – ou em um conjunto de assuntos para uma comunidade de interesses comuns –, os portais verticais representam o perfeito casamento entre comunidade e conteúdo, uma vez que permitem personalização e interatividade com o usuário" (Ferrari, 2004, p. 36). Os melhores exemplos de portais de notícias brasileiros nesse estilo são o *G1*, o *UOL* e o *Terra*.

Navegue

G1. Disponível em: <http://g1.globo.com/>. Acesso em: 18 jul. 2018.

TERRA. Disponível em: <https://www.terra.com.br/>. Acesso em: 18 jul. 2018.

UOL. Disponível em: <https://www.uol.com.br/>. Acesso em: 18 jul. 2018.

Os portais horizontais, por sua vez, foram usados entre o final da década de 1990 e o início dos anos 2000 por empresas jornalísticas, em um momento em que o consumo de informação, o entretenimento com a interação em *chats*, por exemplo, e a oferta de produtos que caíam em nossas telas despertavam interesse e atenção. Ainda hoje, são utilizados por empresas para vendas e concentram grandes volumes de tráfego na rede e investimento financeiro.

Entre 2002 e 2003, surgiram os primeiros *blogs* como os criados no serviço Blogger, característicos da Web 2.0 – momento em que emergiram os wikis[1] e o *site* de busca Google –, visto que os principais *sites* e portais da época não propiciavam uma interação com o usuário. "Com características únicas, sim, mas, ao fim e ao cabo, são mais um tipo de página da *web*. Os blogs, em essência, liberam ao autor/editor de fazer o design: basta criar o conteúdo, clicar e já está publicado na rede" (Franco, 2008, p. 155).

Então, ter um *blog* próprio era sinônimo de permissão para escrever o que fosse de seu interesse, produzindo, participando e colaborando com a web e a alternância de fontes de informação. Os *blogs* são canais que reúnem produções jornalísticas ligadas ao interesse de seus produtores de conteúdo. Apresentam artigos de opinião e reportagens da mídia tradicional comentadas. "Muitos autores/editores poderiam argumentar que a estrutura de pirâmide invertida briga com o tom conversacional e informal de suas publicações (e a veem como uma camisa de força)"

---

1   Páginas na *web* que são editadas, criadas, visitadas e interconectadas por meio de hiperlinks por qualquer ciberusuário.

(Franco, 2008, p. 156). Atualmente, há plataformas gratuitas, como WordPress e Wix, que permitem editar um *site* ou um *blog* gratuitamente.

Navegue

WIX. Disponível em: <https://pt.wix.com/>. Acesso em: 23 jul. 2018.

WORDPRESS. Disponível em: <https://br.wordpress.org/>. Acesso em: 23 jul. 2018.

Provavelmente, você, diante da abundância de informações em meios digitais noticiosos, já observou a desinformação causada pelo conflito de dados divulgados, mesmo com a falsa cultura da participação e interação vendida pelos meios de comunicação. Percebemos, ainda, a repetição de informações e similaridades em manchetes, títulos, legendas e textos nos principais portais de notícias brasileiros.

A maioria dos portais e *sites* de veículos tradicionais brasileiros utiliza a premissa de atualização da página inicial em 20 minutos. A ideia de que essa prática se efetiva é uma falácia de grande parte dos *sites* e portais, que parecem todos iguais, com réplicas de conteúdos, estruturas e formatos.

Parece que se trata do mesmo canal de veiculação quando navegamos por páginas de organizações midiáticas distintas na *web*. As redações digitais enxutas – quando não deveriam o ser – perdem sua capacidade de inovar ao replicar notícias de agências ou assessorias de imprensa. A impressão é de que publicam notícias envelhecidas e semelhantes às de outros *sites* e portais, uma característica corriqueira no jornalismo impresso. A cada 20 minutos, tudo parece igual no jornalismo *on-line* brasileiro.

Diante dos dilemas expostos, procuramos uma forma satisfatória de pensar um gênero na *web*. Os gêneros literários propostos por Aristóteles e por Platão foram adaptados nas teorias dos gêneros jornalísticos (Bertocchi, 2005). Na literatura, o estilo dependia de uma tradição de época ou gênero, de uma personalidade que escrevia a informação e da expectativa do destinatário, o mais importante para o jornalismo impresso (Martínez Albertos, 1974).

Hoje, esses gêneros jornalísticos e o encaminhamento de um conteúdo adequado ao consumidor da informação também precisam ser pensados para o campo do ciberjornalismo. Ferrari (2004) aponta que a internet ainda está em gestação, a caminho de uma linguagem própria, e não pode ser encarada apenas como um espaço para produção e inclusão de reportagens ou convergência de mídias. Essa é a mentalidade ainda presente na vida do jornalista e do jornalismo digital.

O conteúdo jornalístico deve ativar memórias e significados e gerar sentimentos no leitor-ouvinte-telespectador, fazendo uso de linguagens, suportes e meios distintos de informar. Caso o jornalismo digital, que contempla noticiários, *sites* e produtos que nascem na *web* (Ferrari, 2004), seja utilizado de modo errado, aumenta a chance de se produzir informação inútil ou descompromissada com os princípios sociais, morais e éticos da profissão.

Assim, estabelecer uma classificação de gêneros jornalísticos na internet é buscar definir parâmetros de produção e formas de prática profissional num ambiente em transformação. A propósito, é provável que você observe periodicamente diferentes formas de construção de conhecimento jornalístico na plataforma digital e se questione sobre o correto uso, alcance e difusão das informações. Existe espaço para uma linguagem distinta e novas produções de significados no jornalismo *on-line*, porém isso pode provocar estranheza no internauta pela diferente abordagem e tratamento dos conteúdos por cibermeios.

A produção jornalística *on-line* não deve ser um emaranhado de clichês. O jornalismo literário serve de base para estruturar o pensamento do jornalismo, sendo ele impresso, televisivo, radiofônico ou *on-line*. Não defendemos que haja apenas gêneros informativos e opinativos, em razão da superação existente dessa dualidade na prática jornalística, mas a necessidade do uso de gêneros ciberjornalísticos, o mais apropriado para definir o jornalismo produzido para o meio digital.

O marco teórico dos gêneros jornalísticos está atrelado ao esforço epistemológico de superação dos gêneros literários (Bertocchi, 2005). Estes pressupõem que: a) existem textos; b) textos são reunidos em grupos de afinidades linguísticas e literárias, conhecidos como *gêneros*; c) a cada gênero, aplicam-se afinidades ideológicas, isto é, estilos literários (Bertocchi, 2005). A seguir, explicitamos como essa discussão de gêneros estabelece relação com um princípio que norteia a dinâmica *on-line*: a convergência midiática.

1.1
Convergência e dilema de gêneros

A reunião de fotografias, textos, infográficos, vídeos, áudios, ilustrações, animações, entre outros instrumentos comunicacionais, promove a **convergência midiática**. Para Jenkins (2006), a convergência ocorre dentro da mente dos consumidores individuais e das formações socioculturais resultantes do processo de interação entre os consumidores, permitindo a eles entender as transformações tecnológicas, sociais, culturais e de mercado. De tal forma, o fluxo e a circulação de todos esses conteúdos produzidos nessas mídias são o objeto de entendimento da convergência entre mídias.

Esses conteúdos multimidiáticos reverberam pelo **ciberespaço** – termo criado pelo romancista William Ford Gibson[2]. Esse meio surge em razão da interconectividade de computadores espalhados pelo mundo, numa comunidade virtual, abarcando não apenas a estrutura na comunicação digital – como programas –, mas também as informações contidas na rede e os significados dados pelos usuários e os modos de pensar e estruturar. Esses são os meios de conhecimento válidos na *web*, ou seja, a **cibercultura** (Levy, 1999). Tal convergência tecnológica observa a capacidade das infraestruturas em adquirir, processar, transportar e distribuir dados numa mesma rede (Palacios; Díaz Noci, 2009).

Perguntas & respostas

Existem diferentes tipos de convergência?
Sim. Segundo Jenkins (2001), cinco tipos de convergência redefinem o ambiente de mídia, cujo resultado é a convergência midiática:

---

2   Gibson nasceu em 17 de março de 1948, na Carolina do Sul, nos Estados Unidos. É um teórico de ficção científica *cyberpunk*. Inventor do termo inglês *cyberspace* (em português, *ciberespaço*). Participa de diversos eventos descrevendo sua experiência na rede (Gibson, 2018).

1. Convergência tecnológica: a) de forma – suporte técnico, celulares inteligentes; b) de conteúdo – *softwares, newsgame*, programas; c) de veiculação – satélites, fibras óticas, cabos.
2. Convergência econômica: indústria do infotele-entretenimento integrada e controlada por um grupo. Um exemplo é a AOL Time Warner, que congrega diferentes mídias numa grande indústria temática (cinema, televisão, livros, jogos, música, imobiliário etc.).
3. Convergência social ou orgânica: conjunto de multitarefas simultâneas realizadas por uma pessoa.
4. Convergência cultural: participação, criação, apropriação e pertencimento a uma cultura a partir de experiências de vida particulares.
5. Convergência global: cidadão da vila global, em que diferentes culturas transitam uma por dentro da outra, criando uma miscelânea de culturas.

A *web* cria essa nova estrutura social que faz as mesmas pessoas compartilharem códigos de comunicação, o equivalente ao que Manuel Castells[3] chamou de *sociedade em rede* (Capra, 2008). Os processos de comunicação, amparados por plataformas

---

3 Sociólogo espanhol nascido em 1942. Um dos pensadores mais ativos e citados pelo mundo, conhecido por termos como *era da informação, sociedade em rede, consumo coletivo* e *cultura da internet*.

digitais com ferramentas que permitem o envio e o recebimento de informações e regidos por códigos culturais que referenciam e também por protocolos de comunicação, permitem às pessoas se comunicarem por redes de esfera pública (Benkler, 2006; Castells, 2009).

A gama de conteúdos espalhados pelo ciberespaço propicia novas formas de pensar a mescla de gêneros em instrumentos na prática do jornalismo digital. A convergência jornalística emana nesse processo de integração de modos de comunicação que atingem cibermeios, profissionais e audiências desde sua produção até o consumo (Palacios; Díaz Noci, 2009). Perde-se a característica principal de um jornalismo que reúne elementos recorrentes, em pouca quantidade, como vemos no jornalismo impresso principalmente, mas também no televisivo e no radiofônico. O conteúdo dita a tendência na construção do jornalismo *on-line*, diante do surgimento de *sites* jornalísticos (Ferrari, 2004).

Durante décadas, o debate travado sobre estilos e gêneros jornalísticos permeou a busca por um bê-á-bá a ser adotado pelos pesquisadores e redatores nas redações jornalísticas mundiais. A primeira manifestação histórica do jornalismo, a imprensa escrita, introduziu as discussões a respeito dos gêneros jornalísticos, que são relatos de fatos e comentários para a exposição de ideias (Martínez Albertos, 1974).

Diversos autores trabalham a questão dos gêneros jornalísticos, mas não a forma como são pensados para a *web*, simplesmente ao adotar as mesmas regras para a comunicação digital. Gêneros mudam, perdem espaço e transformam-se diante do cenário de mídias convergentes. Não podemos mais analisar os gêneros sob a ótica de uma mídia. Afinal, a internet junta as mídias.

Segundo Bakhtin (1986), **gêneros** são objetos ou expressões linguísticas comunicacionais cuja análise leva em conta a forma, a estrutura e o conteúdo, sendo as expressões dos indivíduos e as formas de produção de conteúdos importantes. O formalista russo estudava a cultura e focava a ação comunicativa, ao expandir a noção de gênero da literatura para outras áreas, ao mesmo tempo que mostrava que o dialogismo em um texto é resultado de enunciados de outros textos (Seixas, 2009). É importante destacar que, na compreensão de gêneros, não basta ser analisado o processo de produção de conteúdo; é preciso também analisar os instrumentos usados para levar esse conteúdo (formatos) e os processos para gerar tal informação (estruturas).

No início, as classificações de gêneros se resumiam à divisão entre informativo e opinativo. Mais tarde, na literatura brasileira, o gênero interpretativo também passou a ser analisado. Costa (2008) e Melo (2009), este um dos mais reconhecidos pesquisadores brasileiros em gêneros jornalísticos, definem os seguintes gêneros e seus formatos no jornalismo impresso: a) informativo (nota, notícia, reportagem e entrevista); b) opinativo (editorial, comentário, artigo, resenha, coluna, caricatura, carta e crônica); c) interpretativo (análise, perfil, enquete, cronologia e dossiê); d) diversional (história de interesse humano e história colorida); e e) utilitário (indicador, cotação, roteiro e serviço). Melo e Assis (2016) destacam, em estudo recente, a mesma taxonomia de gêneros e formatos. Entendemos, porém, que devemos ainda avançar nos estudos de gêneros ciberjornalísticos, que comentaremos a seguir, valendo-nos do conhecimento dos estudiosos espanhóis Díaz Noci, Ramón Salaverría e Santiago Calvo.

1.2 Reconfiguração dos gêneros tradicionais

A internet propicia novos rearranjos estruturais e de formatos digitais a todo instante, resultado da capacidade de produção de significados, símbolos e mensagens de profissionais e usuários dos conteúdos jornalísticos. No campo do jornalismo, tais estruturas, formatos e conteúdos precisam ser repensados constantemente, seja pelo perfil organizacional diferenciado, seja pelo direcionamento exclusivo de narrativas transmidiáticas. Elas resultam num redesenho necessário para se configurar um espaço de produção de conteúdos jornalísticos para a *web*, porque o esboço de gêneros e formatos do meio impresso não sustenta todos os avanços da comunicação digital e da readaptação dos meios tradicionais.

Os gêneros ciberjornalísticos começaram a ser desenhados na década de 1990. Os estudos sobre gêneros digitais levaram à criação da nomenclatura *cibergênero* por estudiosos das ciências da computação: os canadenses Michael Sheperd e Carolyn Watters, em 1997 (Seixas, 2009). A divisão proposta por eles era rudimentar. Explorava uma divisão entre os gêneros para a internet em dois níveis: uma extraída de meios-base, isto é, uma mídia; outra por meio da exploração e da evolução provocada pelos novos meios digitais.

Mais tarde, em razão das mutações constantes no jornalismo digital, novas compreensões em classificações passaram a ser desenhadas e serviram de arcabouço teórico-prático para a descrição das práticas de produção de conteúdos digitais recorrentes. Diferentes classificações para modelos de meios digitais, cibermeios e novos meios endossam as perspectivas dos estudos dos últimos 20 anos no ciberjornalismo.

Como aponta Longhi (2015), as tradições em pesquisas sobre gêneros ciberjornalísticos estiveram muito ligadas aos aspectos discursivos, deixando de lado a discussão sobre as estratégias de forma que envolvem pensar os gêneros jornalísticos. Deste ponto da obra em diante, daremos atenção especial ao assunto, permitindo a você aplicar e identificar essas estratégias. "Na internet vimos uma mudança no significado de 'gênero jornalístico' tradicional escrito e audiovisual. A partir dele, falamos de gêneros 'renovados' e de gêneros 'novos' e de um processo generalizado de 'hibridização'" (Tejedor Calvo, 2010, p. 68, tradução nossa).

Para Salaverría (2017), precisamos entender os cibermeios, isto é, os meios de comunicação *on-line*, com base em um suporte digital e na inexistência de periodicidade, sem a ênfase demasiada no quesito do tema, que serve apenas para distinguir aspectos de um mesmo meio, visto que o tema pouco muda em relação aos conteúdos produzidos pelos meios tradicionais. Portanto, estudar o ciberjornalismo e seus gêneros exige entender o conteúdo, o formato e a estrutura. O **ciberjornalismo** é o jornalismo feito por e para um meio digital, com o propósito de possibilitar a criação, a distribuição e o armazenamento de informação (Tejedor Calvo, 2010).

Conforme expõe Orihuela (2003), *eComunicação* é a palavra da vez no ciberjornalismo, principalmente com as novas mídias produtoras de conteúdo. Dez paradigmas são fundamentais: 1) a decisão sobre os caminhos para escrever, falar e filmar está nas mãos do usuário; 2) foco ao produzir o conteúdo, e não no quesito tecnicista; 3) linguagem multimídia (preocupação com a apresentação do conteúdo); 4) conteúdos em tempo real, e não mais periódicos; 5) conteúdos abundantes com autoridade e variação de qualidades; 6) descentralização da mediação com a comunidade como foco; 7) os conteúdos comunicados são feitos de muitos para muitos, não de vários usuários para apenas um; 8) a interatividade faz com que o usuário escolha o acesso ao formato da informação, à produção de informação e à transmissão assíncrona ou síncrona; 9) o hipertexto é a gramática do digital; e 10) o conteúdo é identificado, comentado e avaliado para gerar conhecimento válido.

Logo, podemos notar a importância do ciberusuário como cidadão consumidor participativo em cibermeios, sem limitações de produção ou verificação de conteúdos ciberjornalísticos multimídia hipertextuais que propiciam um ambiente participativo para novos consumidores. Fazer ciberjornalismo não é transpor conteúdos do analógico para o digital, nem aplicar modelos de rotinas de produção de outros meios, nem usar ferramentas para gerir conteúdos, pois é a partir destes que elas ganham importância (Tejedor Calvo, 2010). De acordo com Salaverría (2017), os cibermeios são distinguidos atualmente por nove critérios: plataforma, temporalidade, tema, alcance, titularidade, autoria, enfoque, finalidade econômica e dinamismo. Essa distinção está indicada no Quadro 1.1, a seguir.

Quadro 1.1 – Novos critérios para a distinção de estruturas, formatos e conteúdos de cibermeios

Plataforma	a. Tecnologia digital específica que possibilita certo tipo de publicação por linguagem ou tipo de dispositivo móvel.
	b. Quatro tipos de cibermeio:
	  1. somente para *web*;
	  2. somente para *tablets*;
	  3. somente para *mobiles*;
	  4. multiplataformas (englobam pelo menos duas das três anteriores).
	c. No futuro, cibermeios de realidade virtual, holográficos ou ópticos.

Temporalidade	a. Periódicos: intervalo temporal fixo entre suas edições. b. Atualização contínua: novas informações num ritmo de atualidade informativa. c. Multitemporais: mesclam características dos anteriores, sendo base da maior parte das edições digitais de diários.

Tema	a. De informação geral: reunião dos assuntos relevantes de interesse do público.
	b. De informação especializada: informação centrada, ampla, profunda, possível em um assunto. Quanto ao nível de profundidade, podem ser:
	  1. gerais – esportes, economia, cultura;
	  2. específicos – corrida, juros, teatro.

(continua)

(Quadro 1.1 - continuação)

Alcance	a. Ubiquidade, sem limite de espaços geográficos, permite quatro tipos de alcance territorial: 1. internacional ou global – países do exterior; 2. nacional – país de origem; 3. local – regional e provincial; 4. de bairro ou distrito (hiperlocalismo).
Titularidade	a. De titularidade pública: desde corporações globais até iniciativas de meios digitais municipais. b. De titularidade privada: desde edições de companhias multinacionais a comércios locais.
Autoria	a. Indica quem é o proprietário do meio, distinguindo-se da titularidade. Nessa divisão, os cibermeios podem ser: 1. de autoria individual – manutenção editorial requer equipe ampla; 2. de autoria coletiva – publicações produzidas por um único autor.
Enfoque	a. Conteúdos mais aproximativos com comunicação institucional, publicidade e propaganda. Divididos em: 1. jornalísticos – atribuem real significado informativo na atividade jornalística; 2. não jornalísticos – atribuem significado não informativo, destacando imagem positiva de organização, e promovem serviço ou produto ou persuasão política ou cidadã.

(Quadro 1.1 – conclusão)

Finalidade econômica	a. Com fins lucrativos: buscam a rentabilidade econômica.
	b. Sem fins lucrativos: buscam modo social, humanitário e artístico ou auxílio comunitário.
Dinamismo	a. Estáticos: sem recursos hipertextuais, interativos e multimídia.
	b. Dinâmicos: com recursos hipertextuais, interativos e multimídia.

Fonte: Elaborado com base em Salaverría, 2017.

Os novos critérios ajudam a entender a estratégia dinâmica que envolve estruturas, formatos e conteúdos, compostos fundamentais para a compreensão dos gêneros ciberjornalísticos. Estes estão sendo renovados e reconfigurados pela visão hipertextual, multimídia e interativa potencializada pela internet (Tejedor Calvo, 2010). Bertocchi (2005) estabelece ainda três prerrogativas relacionadas às estruturas dos gêneros ciberjornalísticos e a seus formatos, conforme podemos visualizar no Quadro 1.2.

Quadro 1.2 – Apontamentos sobre a estruturação dos gêneros ciberjornalísticos

Sui generis	a. Formatos ciberjornalísticos nascem dos modelos do jornalismo impresso. b. Criação de subgêneros a partir de fusões e elaboração de novas narrativas, como os infográficos interativos.
Geometrização dos gêneros	a. Gêneros ciberjornalísticos são modelos tridimensionais (hipertextuais) dentro de uma linguagem (multimídia). b. Escreve-se em cubos abertos (atualizáveis e que produzem interação). c. Geometrizam-se palavras, imagens e sons. d. Construção e navegação em cubos não abrangem todos os gêneros.
Gêneros coletivos	a. Gêneros devem funcionar sob pacto entre um novo tipo de autor e um novo tipo de leitor, mais imersivo. b. Ciberinternauta como um cidadão ativo que interfere no processo jornalístico contemporâneo. c. Predisposição à coautoria, se possível.

Fonte: Elaborado com base em Bertocchi, 2005.

Uma taxonomia composta de cinco tipologias de gêneros ciberjornalísticos é estabelecida por Díaz Noci e Ramon Salaverría (2003) e corroborada por Tejedor Calvo (2010). Essa é a classificação que utilizamos como base neste livro. Entretanto, a quinta categoria descrita (infográficos *on-line*) foi redefinida e passou a se chamar *diversionais hibridizados*, pois nenhum gênero distinto comportava as mudanças e os novos modelos produtivos verificados nos últimos anos no campo do jornalismo digital. Dessa forma, adotamos as cinco categorias a seguir: 1) informativos (notícia); 2) interpretativos (reportagem e crônica); 3) dialógicos (entrevista, fórum e pesquisa); 4) argumentativos (artigo, coluna, editorial, humor gráfico e perfil); e 5) diversionais hibridizados (infográficos multimídia, redes sociais digitais, *newsgames* e textos gerados por *software*). Devemos destacar ainda que tais sugestões de cibergêneros jornalísticos e de redação *web* são aplicados tanto para *sites* e portais quanto para *blogs*, que são em si uma página da *web*.

1.3
Ciberjornalismo informativo

Esses gêneros informativos passam a comparar fatos e dados observados, selecionados e compostos para a rede digital. Contextualizaremos na próxima seção o gênero caracterizado por notícias imediatas, o exemplo claro de apropriação do gênero informativo no ciberjornalismo. Uma notícia tem os mesmos fundamentos em qualquer plataforma de veiculação de conteúdo, mas se estabelecem diferenciações na compreensão da notícia no ciberespaço como instrumento eficaz de informação breve, clara, coerente e precisa.

∴ Notícia

Uma notícia pode ser definida como o "relato de uma série de fatos a partir do fato mais importante ou interessante; e de cada fato, a partir do aspecto mais importante ou interessante" (Lage, 2004, p. 16). A notícia é apresentada de forma rápida, por meio de uma fácil leitura e exposição daquilo que ocorreu. É o gênero preferencial dos cibermeios por ter o atrativo de trazer as informações verdadeiras, inéditas ou atuais de última hora – *hard news* ou *breaking news* –, diferenciar a notícia produzida na *web* da produzida no impresso e fazer o ciberleitor acessar o cibermeio várias vezes ao dia para ler as seções criadas com nomes como "Últimas notícias", "Plantão" ou "Em tempo real" (Martínez Albertos, 1974; Salaverría; Cores, 2005; Barbosa, 2016). Além disso, ela sintetiza os pontos mais importantes referentes ao fato jornalístico que merece ser noticiado, contando o desdobramento daquilo que merece destaque.

O gancho jornalístico, isto é, o enfoque da notícia, deve ser disposto logo no primeiro parágrafo, considerando-se o essencial da informação (Díaz Noci; Salaverría, 2003). A notícia no cibermeio tem hora, local e data. É importante atualizar a informação sempre que preciso e incluir o horário para situar o leitor. Deve-se evitar o uso de frases, orações e parágrafos longos para que o leitor não seja desmotivado a continuar a leitura. O uso de imagens, áudios, vídeos e elementos adicionais são permitidos para ilustração da notícia, porém servem de conteúdos correlatos ao fato jornalístico, que merece ser desdobrado textualmente. Logo, eles são elementos que corroboram o conteúdo principal emitido. São fatos secundários atrelados ao fato principal. Durante a transmissão de notícias, os jornalistas podem entrar ao vivo nas plataformas digitais dos cibermeios, sejam *websites*, sejam redes sociais digitais, por meio de dispositivos móveis.

O fato jornalístico passa por uma série de critérios: seleção, validação e análise do conteúdo a ser transformado em **valor-notícia**. Uma boa notícia pode ser construída por meio de comparações com fatos jornalísticos transformados em notícias anteriormente. Ao mesmo tempo, uma notícia vale-se de uma pauta, definida como "indicações de fatos programados, da continuação (suíte) de eventos já ocorridos e dos quais se espera desdobramento" (Lage, 2004, p. 47).

Após investigações, alguns fatos podem ser desdobrados em **suítes**. Novos relatos ou fatos e comoção pública são notícias. Um exemplo de fato novo pode ser observado na reportagem "A cinco dias da eleição na Câmara, nove partidos já anunciaram apoio a Maia", publicada pelo portal *G1*, no dia 28 de janeiro de 2017. A notícia destaca os partidos que declararam apoio ao candidato Rodrigo Maia (DEM-RJ), a descrição dos candidatos concorrentes à presidência da Câmara e as ações na justiça contra o deputado federal. O desfecho mostra um balanço com o tamanho das bancadas e apoiadores ao parlamentar por partido. É um rápido levantamento de informações a partir da exposição do fato jornalístico e de seus fatos secundários. A função é transmitir a informação de maneira rápida e direta. Confira um trecho dessa notícia a seguir.

> A cinco dias da eleição que vai definir a nova mesa diretora da Câmara, nove partidos já anunciaram apoio à reeleição do atual presidente, Rodrigo Maia (DEM-RJ). Somadas, as bancadas dessas nove legendas contam com 266 parlamentares, mais da metade da Casa (257).
>
> Até a noite desta sexta (27), os seguintes partidos haviam anunciado apoio a Maia: PV, PP, PRB, PSD, PR, PSB, PHS, PSDB e DEM.
>
> Rodrigo Maia assumiu a presidência da Câmara para um mandato-tampão em julho do ano passado, após o então presidente da Casa, Eduardo Cunha (PMDB-RJ), ter renunciado ao posto. Na ocasião, o parlamentar do DEM derrotou no segundo turno o líder do PSD, Rogério Rosso (DF), que tinha o apoio do Palácio do Planalto.
>
> Embora falte menos de uma semana para a votação que definirá o novo presidente da Câmara, Maia ainda não oficializou sua candidatura à reeleição.

Fonte: A cinco..., 2017.

O ciberjornalista deve estar atualizado sobre as principais notícias, informando sobre os fatos de sua cidade ao noticiário internacional. Deve conhecer um pouco de tudo, não o todo. Os fatos devem ser contados em conformidade com o alcance de cobertura do cibermeio, seja ele de bairro, seja global. Precisa acompanhar os casos sem desfecho, avaliar fatos anteriores para gerar novos. Tem de estar à disposição para coberturas sobre distintos temas. Ele alterna suas apurações entre assuntos mais familiares e aqueles sobre os quais tem menos conhecimento. Dessa forma, boas fontes para assessorar e conhecer mais sobre os vários assuntos devem ser consultadas.

É importante ressaltar que a maioria dos ciberjornalistas não tem uma editoria física de atuação em cibermeios tradicionais. Já nos cibermeios independentes ou alternativos, em geral, há especialização de conteúdos, mas frisamos que isso não se aplica a todos.

No emaranhado de notícias existentes, quando mencionamos que algo interessa ao público, nem sempre estamos nos referindo a um fato de interesse público. Nos veículos de produção intensiva de notícias, o serviço público é indispensável aos noticiários jornalísticos. Bons fatos a serem noticiados ou revelados nos estimulam a fazer comparação ou a encontrar traços comuns com nossa vida, a de familiares e a de amigos. Ao bom jornalismo cabe apresentar notícias envolventes e com capacidade de informar e provocar sentimentos possíveis de serem exteriorizados, seja pela alegria, seja pela tristeza proporcionada.

Uma boa notícia passa pela captação, pela apuração e pela transformação da informação em conteúdo noticioso. Para isso, é fundamental estar atento às três fases de apuração da notícia (Lage, 2004):

1. seleção dos eventos (o evento principal e os eventos a ele atrelados);
2. ordenação dos eventos (em uma sequência de interesse ou importância decrescente);
3. nomeação (descrição de quem são os sujeitos da ação).

O ciberjornalista precisa preparar com antecedência as perguntas a serem feitas ao entrevistado. A ele cabe esclarecer e estimular o internauta a continuar lendo/vendo/ouvindo a notícia. O raciocínio não pode ser dificultado. O conteúdo produzido deve ser lido sempre em voz alta. Uma notícia que não é entendida pelo próprio produtor certamente não será entendida pelo ciberusuário.

Além disso, devemos destacar a importância do regionalismo para a produção de uma notícia. O assunto local e regional tem facilidade para prender a atenção do internauta. A sociedade civil precisa saber o que está acontecendo à volta dela e ser estimulada a refletir para sua ação. O bom conteúdo jornalístico para a internet é aquele capaz de informar, apresentar soluções, promover reflexão social e realizar a prestação de serviços ao cidadão comum. Não se deve apresentar uma sequência de notícias sobre um ponto distante daquele em que o público do cibermeio está inserido, pois não haverá afinidade com o assunto nem conhecimento do cenário em questão. Isso deve ser deixado para os principais portais e *sites* de notícias. Aquilo que está próximo tem maior potencial para gerar memórias e significados.

Para encontrar os assuntos mais comentados nas capitais brasileiras, por exemplo, basta usar o Trends24. O *site* ranqueia os principais assuntos comentados no Twitter nas últimas horas. Outra ferramenta, criada especificamente para jornalistas, é o Signal, do Facebook for Media, que permite encontrar pessoas e fatos, mostrando os assuntos mais repercutidos com base em um grande banco de dados multimídia, composto de fotos, vídeos e *posts* da rede social.

Navegue

TRENDS24. Disponível em: <https://trends24.in/>. Acesso em: 19 jul. 2018.

FACEBOOK FOR MEDIA. Disponível em: <https://www.facebook.com/facebookmedia/get-started/signal>. Acesso em: 19 jul. 2018.

Notícia *fake*

A produção e a circulação de notícias aumentaram na rede. Informações falsas recebidas por computador, WhatsApp, Facebook e Twitter repercutem rapidamente. Para identificar as notícias falsas recebidas, o *First Draft* (2017) elaborou um guia com métodos para a identificação de boatos, rumores e inverdades destacados na rede.

Aqui no Brasil, o *site Boatos.org* (Figura 1.1) busca demonstrar erros de informação trazidos pelo público e disseminados na rede. Entretanto, *sites* como *Sensacionalista* e *The Piauí Herald*, com grande presença na rede, produzem notícias fictícias usando o entretenimento. Percebe-se o humor incluso nos textos produzidos por esses cibermeios. Geralmente, os fatos destacados são resultado de repercussão de notícias veiculadas pelos cibermeios tradicionais.

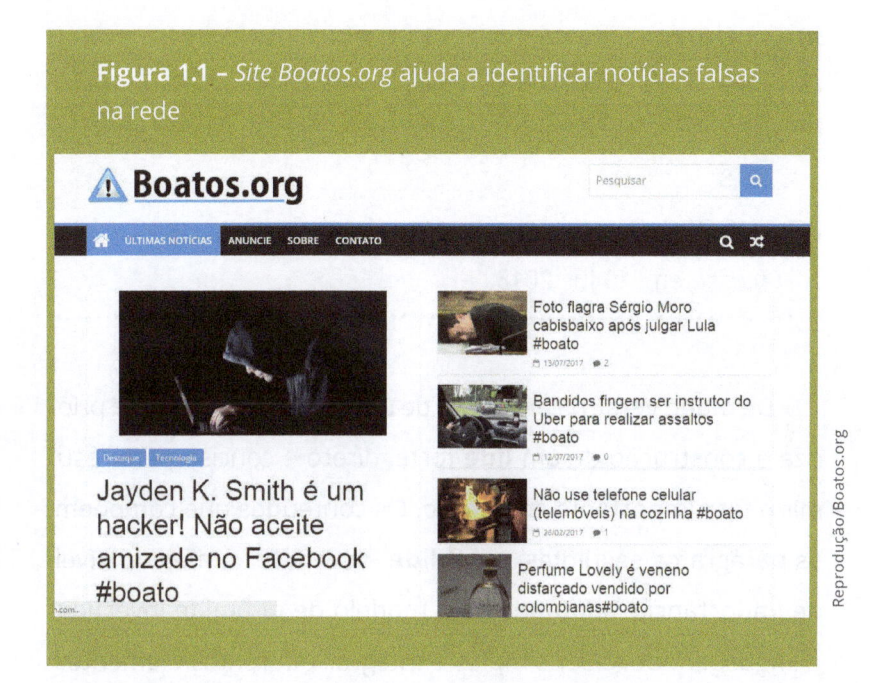

Figura 1.1 – *Site Boatos.org* ajuda a identificar notícias falsas na rede

Reprodução/Boatos.org

A notícia precisa objetivar a construção de um fato jornalístico inédito. A busca pelo **ineditismo** não deve ser confundida com o fetiche de dar a informação em primeira mão, sem apuração ou cuidados técnicos. A informação precisa ser checada e investigada a fundo com as fontes. Uma abordagem incorreta pode levar à perda de credibilidade do veículo de comunicação e à necessidade de correção da informação prestada. Uma boa ferramenta nesse trabalho é o Banjo, que integra uma rede por geolocalização que possibilita encontrar notícias.

Navegue

BANJO. Disponível em: <https://ban.jo/>. Acesso em: 19 jul. 2018.

BOATOS.ORG. Disponível em: <http://www.boatos.org/>. Acesso em: 19 jul. 2018.

De modo geral, na produção de uma notícia, o jornalista prioriza a construção de um **lide** forte, direto e conciso para resumir o fato importante ao público. Os conteúdos que compõem os parágrafos seguintes, o **sublide**, devem ter o mesmo nível de importância, adotando-se o modelo de pirâmide invertida. A linguagem deve ser simples e integrar diferentes elementos que estimulem o ouvinte e lhe permitam entender a mensagem transmitida. As notícias cumprem o papel de contextualizar, permitir ao ciberleitor que emita uma opinião a partir da informação, observar o contraditório e olhar os motivos e as implicações dos fatos levantados.

1.4
Ciberjornalismo interpretativo

Os gêneros interpretativos buscam "situar a informação em seu contexto para explicar suas causas e processos, assim como suas possíveis consequências e finalidades" (Salaverría; Cores, 2005, p. 165). Em outras palavras, a informação é aprofundada, destrinchada e tratada. Em textos desses gêneros, os produtores explicam fenômenos importantes, interpretam os assuntos densos e catalisam transformações ao recortar aspectos objetivos e subjetivos da sociedade.

∴ Reportagem simples

Antes de tudo, é preciso ter em mente que uma boa reportagem começa por um bom **planejamento de pauta**. "A pauta deve indicar de que maneira o assunto será abordado, que tipo e quantas ilustrações, o tempo de apuração, o deslocamento da equipe, o tamanho e até o estilo da matéria; para tudo isso, é preciso dispor de dados" (Lage, 2004, p. 47). A seleção, a sintetização e a explicação dos assuntos, assim como uma boa análise, dependem de uma execução adequada do conteúdo apurado levantado a partir da pauta.

Não adianta o repórter sair da redação com um tema se os detalhes técnicos e referenciais, que deveriam ter sido apurados antes, inexistem ou estão incompletos. O repórter faz da boa pauta uma excelente reportagem. Ele busca (apuração), escolhe (codificação) e investiga o fato (investigação). Além disso, contextualiza os fenômenos e traça caminhos para explicar a realidade.

É fundamental que, na redação ou no trajeto até a produção da reportagem, o ciber-repórter faça uma pesquisa, mesmo superficial, sobre o tema a reportar. O bom repórter-investigador é aquele capaz de apontar novidades e estabelecer relações entre fatos atuais e anteriores.

A **reportagem** é um cibergênero interpretativo e, diferentemente da notícia, varia conforme assuntos abordados, público-alvo e veículos de comunicação *on-line*. Devemos destacar que a reportagem "não cuida da cobertura de um fato ou uma série de fatos, mas do levantamento de um assunto conforme ângulo pré-estabelecido. Noticia-se que um governo foi deposto; fazem-se reportagens sobre a crise político-institucional, econômica, social" (Lage, 2004, p. 46). Na reportagem, os assuntos sempre estão disponíveis e podem ou não ser atualizados por um acontecimento (Lage, 2004). A reportagem é ocasional, não se repete e adota o estilo literário muito narrativo e criador; o mesmo ocorre com uma **série**, que é uma reportagem em dias distintos (Martínez Albertos, 1974).

Ao ser produzida para a *web*, a ciber-reportagem apropria-se de uma narrativa hipertextual, hipermídia e multimídia que encontra seu desenvolvimento nos especiais dos veículos de comunicação *on-line* (Tejedor Calvo, 2010). Essas características presentes na rede das redes, isto é, a internet, são apropriadas pela reportagem construída para portais, *sites*, *blogs* e redes sociais digitais. Confira, no Quadro 1.3, alguns aspectos da reportagem em cibermeios.

Quadro 1.3 – Hipertextualidade, multimidialidade e interatividade em ciber-reportagens

Possibilidades	Características
Hipertextualidade	1. A inserção de documentos no corpo do texto permite navegar na próxima estrutura de informação do cibermeio ou ser conduzido para um *link* externo. 2. A inseção de documentos na íntegra de órgãos públicos em reportagens de denúncia credibiliza o conteúdo informativo e funciona como prova. 3. Especiais e dossiês podem ser separados por estruturas hipertextuais. Permitem a navegabilidade por multitelas.
Multimidialidade	1. Uso de galerias de fotografias dinâmicas, exibidas sequencialmente. 2. A infografia multimídia serve de elemento de apoio para contextualizar fatos difíceis de serem apresentados por texto, vídeo ou áudio. 3. Recursos sonoros são utilizados para o acompanhamento de suas reportagens. 4. Vídeos são usados para contar histórias de personagens e descrever situações atreladas ao acontecimento reportado.

(continua)

(Quadro 1.3 - conclusão)

Possibilidades	Características
Interatividade	1. Opiniões, perguntas e correções enviadas por formulário inserido no fim das reportagens, contas de *e-mail* e redes sociais digitais. 2. Pesquisas para a participação dos ciberusuários, por mais que não tenham um rigor amostral, simbolizam a proximidade com o leitor e o emprego de sua opinião na construção de reportagens. 3. Fóruns de opinião são assimilados para gerar uma repercussão a respeito dos conteúdos reportados. 4. Redes sociais digitais proporcionam aproximação com o público, que pode enviar *hashtags* de apoio após acompanhar uma reportagem investigativa.

Fonte: Elaborado com base em Salaverría; Cores, 2005.

Nas reportagens construídas em meio digital, é comum o uso do **jornalismo de dados**, com o levantamento de indicadores importantes para a contextualização dos assuntos. Essas reportagens dispõem de alto rigor e capacidade investigativa e analítica, para proporcionar o desenvolvimento da sociedade e criar uma consciência coletiva a respeito do assunto reportado.

Algumas reportagens estão sendo produzidas diretamente de estúdios montados pelos veículos de comunicação tradicionais em suas redações. *Lives*, análises, debates e entrevistas estão sendo realizados no Facebook, no YouTube e no Twitter. Novas formas de suporte publicitário têm sido empregadas, como o uso de *hashtags* com o nome de uma marca em postagens nas redes sociais, *banners* de anunciantes ao fundo das redações ou *naming rights* de programetes transmitidos ao vivo com um comentarista e um bate-papo com convidados.

Além disso, algumas opções de compartilhamento de reportagens em áudio merecem atenção especial. O SoundCloud é a melhor plataforma de distribuição de áudio. Disponível como aplicativo para Android e iOS, ele permite a inclusão de um limite de minutos de áudio gratuitamente. Algumas opções de contas também estão disponíveis. O Mixcloud é outra opção, sem limite de armazenamento. O AudioBoo é outra plataforma disponível para os repórteres. O *upload* de arquivo nos três serviços pode ser feito em vários formatos de áudio. Para gravar reportagens simples na rua, indicamos baixar o aplicativo gratuito SoundCloud. Existe ainda outra boa opção: o aplicativo Cogi, também disponível para Android e iOS.

Navegue

AUDIOBOO. Disponível em: <http://audioboom.com>.
   Acesso em: 19 jul. 2018.
COGI. Disponível em: <https://cogi.com/>. Acesso em:
   19 jul. 2018.
MIXCLOUD. Disponível em: <http://www.mixcloud.com>.
   Acesso em: 19 jul. 2018.
SOUNDCLOUD. Disponível em: <http://soundcloud.com>.
   Acesso em: 19 jul. 2018.

:: **Reportagem de personagens**

Histórias relatadas por personagens podem ser reportadas. A perspectiva humanística permeia a descrição de uma série de acontecimentos na vida de pessoas comuns, mudando a forma de percepção da condução da reportagem. Ali brota o sentimento e afloram emoções na forma de narrar os depoimentos de quem viveu situações incomuns ou únicas. As reportagens de personagens ou humanizadas com histórias de vida impressionam. Recebem destaque nas páginas principais, nas editorias e nas seções dos principais *sites* e portais.

A perspectiva humanizada é experimentada, inclusive, nos títulos e nas gravatas (frase abaixo do título) das reportagens. O diário gaúcho *Zero Hora* é um dos veículos que investem na produção de reportagens nesse estilo. Em "Amor maior: a história de um menino anão", de 25 de novembro de 2016, podemos observar o uso de diálogos no texto com relatos constantes da conversa dos pais. Confira um trecho a seguir.

> 30 de janeiro de 2014 – chegou o dia de Bernardo nascer. Por causa do perímetro encefálico, o parto normal seria desgastante para a mãe e para o bebê, então foi descartado. Naquela quinta-feira de muito calor, Flávia estava confiante. Na sala de parto, do Hospital do Círculo, de Caxias do Sul, aguardou deitada a anestesia. Coberta por um lençol verde, observou os preparativos da equipe médica. Fábio estava numa sala ao lado, vendo tudo por um vidro. Ele e a esposa se comunicavam com o olhar. Ela fazia positivo com o polegar e ele acenava do outro lado. Mas seu semblante era de preocupação.
>
> — Estava nervoso, e uma hora eu vi que mudou a fisionomia dos médicos. Eles ficaram sérios – afligiu-se o futuro pai.

> Fábio parecia intuir que algo não aconteceria como o planejado. Foi assim durante a ecografia que mudou suas vidas e também durante o parto, quando percebera a movimentação e a tensão de médicos. Bernardo tinha defecado no líquido amniótico, e o cordão umbilical estava enroscado em seu pescoço. Além disso, a primeira anestesia não fez efeito, e Flávia precisou receber outra. De tão nervoso, o pai mal conseguia segurar o celular para fotografar aquele momento.
> — Então eu escutei o choro dele – recorda a mãe.

Fonte: Macedo, 2016.

A liberdade textual é notada no estilo literário. A emoção do repórter ao descrever com fidelidade os fatos é nítida. Um vídeo relatando a história do menino Bernardo, correlato ao assunto principal abordado, e uma galeria de imagens são usados na reportagem. É uma reportagem de fôlego e extensa, mas o estilo adotado pelo repórter é capaz de prender a atenção do leitor.

Mais adiante, quando tratarmos da apuração em cibermeios, descreveremos mais um pouco como contar histórias atrativas por meio do *storytelling*. Uma ferramenta que permite contar histórias multimídia extensas é o Atavist. Alguns recursos são gratuitos. O produtor pode incluir vídeos, áudios, imagens, mapas e *links* e construir um *template* estimulante com *design* responsivo. Ela facilita o contato da informação com o ciberusuário.

Navegue
....
ATAVIST. Disponível em: <https://atavist.com/>. Acesso em: 19 jul. 2018.
....

∴ Reportagem especial

Alguns acontecimentos geram repercussão da opinião pública e ganham atenção especial pela dimensão dos eventos atrelados a um fato noticiado. Também merecem investigação e aprofundamento do assunto, com a coleta de entrevistas (fontes) para o encadeamento de dados pelos ciberjornalistas. A reportagem especial, assim, aborda grandes assuntos com profundidade. A interpretação, a descrição e a exposição da apuração jornalística dão contornos diferenciados em comparação à reportagem comum. A organização das informações garante a condução segura da construção textual. O modelo a ser seguido deve provocar emoção no leitor; logo, é preciso adotar **técnicas de humanização** do exposto.

Em geral, as reportagens especiais apresentam informações complementares ao assunto reportado, com dados anteriores ou contemporâneos ao fato para contextualizar. Além disso, dão um significado ao encadeamento dos dados levantados e investigados para possibilitar o discernimento do leitor e a orientação sobre as implicações do assunto na vida do cidadão comum. A grande **reportagem multimídia** – ou *longform* – começou a ser produzida em 2012, fase posterior ao uso rotineiro de *slideshows* noticiosos e especiais multimídia, sendo caracterizada por textos grandes e profundos, dispostos em seções e lidos pela barra de rolagem (Longhi, 2015).

Um exemplo de *longform* é a reportagem "Em um motel, lutador desidrata e entra em agonia antes de sua grande luta", publicada pela editoria de esportes do portal *UOL*, em 1º de fevereiro de 2017. A narrativa privilegia os traços psicológicos e o passo a passo de um atleta de artes marciais mistas (MMA) antes de seu importante combate. Sua batalha no dia anterior é para atingir o peso. Os detalhes de bastidores narrados na reportagem são envolventes e geram uma aflição no leitor.

Novo olhar para as estruturas, os formatos e os conteúdos

Figura 1.2 – Grande reportagem multimídia de esportes do *UOL* mescla fotografias e vídeos

Em um motel, lutador desidrata e entra em agonia antes de sua grande luta

Adriano Wilkson
Do UOL, em São Paulo
01/02/2017 04h00

O lutador profissional de MMA Acácio "Pequeno" dos Santos, 1,94m de altura, esparrama-se no banco de trás de um gol preto empoeirado. O carro corta a noite de Guarulhos, região metropolitana de São Paulo.

Do lado oposto ao de Acácio, o treinador Magno Wilson tenta amenizar a tensão. Espremendo-se entre os dois, Mohamed Said, um peso-mosca com o cavanhaque no queixo, apenas balança a cabeça. Até isso é difícil.

Adriano Wilkson/UOL/Folhapress

O editor do jornal *Washington Post* Marty Baron, em reportagem publicada pela *Folha de S.Paulo*, em 2 de maio de 2015, relata que contratou 100 repórteres e 40 engenheiros para a redação do jornal norte-americano. Os engenheiros ficam lado a lado com os jornalistas programando e criando soluções complicadas interativas. A reportagem "Jornalismo aprofundado tem mercado, diz editor do 'Washington Post'" (Lores, 2015) mostra que a audiência do jornal na internet cresceu 60%. Também despertou atenção a descoberta de leitura de reportagens frívolas ou tradicionais: apenas de 1% a 2% dos leitores leem as reportagens até o fim. Entretanto, as reportagens longas, no estilo *longform*, com suas narrativas aprofundadas, produzidas com maior investimento, estão entre as mais lidas.

∴ Crônica

A crônica é um estilo literário muito usado, em geral, como um auxiliar aos cibermeios que recebem uma informação atual, ou seja, de última hora, e não contam com mais informações levantadas sobre o assunto. Caracteriza-se pela narração direta, imediata e objetiva de uma notícia e seus fatos secundários – um breve relato –, que não devem sobressair ao fato principal a ser destacado. A contextualização acontece nos minutos seguintes; afinal, a atualização é fundamental (Martínez Albertos, 1974; Salaverría, 2005).

A narração do ciberjornalista imposta por sua visão pessoal é sustentada pela observação dos acontecimentos imediatos. Segundo Martínez Albertos (1974) e Salaverría e Cores (2005), pode ter continuidade pela visão do redator (cronismo dos fatos distantes), pelo tema tratado (cronismo judicial, social) ou pelo ambiente (cronismo de viagem, esportivo).

Em geral, nos meios digitais, as crônicas trazem relatos de situações e fatos históricos para contextualizar acontecimentos policiais, políticos, econômicos, esportivos ou diários de viagem. Os autores assinam seus textos. "Os weblogs são um ambiente muito adequado para a aplicação da crônica. O podcast, por sua vez, recupera aspectos próprios da crônica radiofônica" (Tejedor Calvo, 2010, p. 70, tradução nossa).

1.5
Ciberjornalismo dialógico

Os gêneros dialógicos caracterizam-se pela conversação entre duas ou mais pessoas por meio de conteúdos textuais (escritos ou orais) de forma síncrona (interação simultânea) ou assíncrona (interação não simultânea). O protagonismo do usuário é mais importante que o do ciberjornalista, e palavras e símbolos são usados na conversação informal, composta de linguagem flexível (Salaverría; Cores, 2005).

∴ Entrevistas convencional e dinâmica

O ato de entrevistar exige a coleta de conteúdos que podem ser noticiados ou reportados. A entrevista, no esquema tradicional, consiste na interrogação do entrevistado para extrair ideias, informações, dados e opiniões. Ela deve ser capaz de reunir elementos extraídos do relato entre fonte e ciberjornalista para originar conteúdos dinâmicos e estimulantes ao usuário da informação. As entrevistas podem ser individuais ou coletivas. Estas últimas reúnem vários profissionais de imprensa na captação de dados de uma fonte capazes de construir ou ilustrar uma boa reportagem ou notícia.

Algumas iniciativas de entrevistar ao vivo, por meio de canais participativos, recebem repercussão e engajamento nos cibermeios. Entrevistas dinâmicas são realizadas para gerar a participação do internauta por meio de fóruns e transmissões ao vivo, principalmente de redes sociais digitais. As transmissões de eventos simultâneos são populares no Facebook. Entrevistas são realizadas ao vivo nos bastidores de grandes espetáculos, *shows* e eventos públicos. Os grandes portais e *sites* de notícias de mídias tradicionais e independentes investem periodicamente em transmissões ao vivo pelo Facebook. Eles realizam, por exemplo, simples bate-papos entre jornalistas sobre assuntos do momento, em estúdios montados nas redações ou em espaços públicos. Podemos destacar, especialmente, as *lives* sobre temas ligados à política e à cultura.

O Twitter possibilita o uso desse tipo de transmissão desde o final de 2016. A da rede de microblogagem tinha como objetivo não perder mais espaço na rede. Para isso, a opção de registro por vídeo precisa ser habilitada no ícone de fotografia. Caso não tenha essa opção no perfil, o ciberusuário precisa continuar a usar o aplicativo Periscope, popular para fins de transmissões simultâneas. O YouTube Live é outra opção para transmissões sincrônicas. Permite o arquivamento dos materiais, ao contrário do Periscope.

O desafio de todo bom repórter é encontrar personagens interessantes para entrevistas. A procura por fontes é frequente em postagens nas redes sociais digitais Twitter e Facebook. O perfil no Facebook "Ajude um repórter" foi criado para apoiar os repórteres angustiados em redações físicas e virtuais a localizar personagens difíceis de serem encontrados. Esses canais devem ser usados com bom senso. A função do repórter é encontrar personagens nos cenários envolvidos na reportagem.

O antigo Orkut era meio invasivo no que se referia à localização de entrevistados nas mais variadas comunidades. Hoje, é possível realizar entrevistas por WhatsApp. Receber um arquivo de áudio pelo aplicativo tem sido prática comum nas redações brasileiras. O uso dos telefones fixo e móvel ainda é o mais comum no ciberjornalismo, diante da impossibilidade, muitas vezes, do deslocamento de repórteres de cibermeios tradicionais. A indicação, nesse caso, é o Google Voice, gratuito, disponível para Android e capaz de gravar em mp3. Para gravação via Skype, a sugestão é o MP3 Skype Recorder, gratuito para usuários das versões de

Windows 7, 8 e 10. Embora esses recursos estejam disponíveis, a melhor entrevista ainda é aquela face a face, sempre que possível, pois permite que se descrevam com exatidão as características, os sentimentos e os traços do entrevistado.

Os entrevistados são porta-vozes dos acontecimentos, pois identificam e legitimam o sequenciamento de fatos, dão propriedade ao relatado, são contundentes, opinam e fortalecem os argumentos do repórter. O uso da linguagem coloquial do personagem é marca importante de qualquer entrevista.

Navegue

MP3 SKYPE RECORDER. Disponível em: <https://voipcallrecording.com/>. Acesso em: 19 jul. 2018.

:: **Entrevista pingue-pongue**

Encontrar alguma personalidade capaz de gerar informações exclusivas não é tarefa simples. O personagem escolhido precisa ter algo a dizer. As opiniões precisam ter força e revelar e instigar algo. A participação do entrevistado deve causar surpresa para quem acessa o conteúdo informativo. O inédito e surpreendente impressiona e causa comoção pública. Por isso, a entrevista pingue-pongue é difícil de ser produzida, redigida e editada. Analisar o material bruto e extrair e organizar as declarações polêmicas e contundentes requer habilidade.

Antes da entrevista, a primeira tarefa do ciberjornalista é deixar o personagem à vontade. Caso seja apropriado, pode-se usar o humor para aliviar a própria tensão e a do entrevistado. É preciso certificar-se de que o gravador está funcionando. Depois, é importante gravar a entrevista e registrar tudo em um bloco de anotações. Fazer perguntas desconfortáveis é parte da entrevista, afinal o entrevistado já está preparado pela assessoria de imprensa a dar declarações favoráveis à própria imagem pública. O conhecimento prévio sobre o entrevistado e os assuntos a serem abordados deve ser levantado na pauta. Perguntas diferentes daquelas planejadas devem ser feitas com base nas declarações do entrevistado, aproveitando as oportunidades para provocá-lo.

Porém, existem situações, como no exemplo a seguir, extraído do cibermeio *Nexo Jornal*, em que a entrevista é feita pelos leitores. A entrevista em vídeo "Os leitores entrevistam Ilona Szabó sobre política de drogas" teve perguntas produzidas por eles, sem a mediação de um jornalista. A entrevistada aparece no vídeo lendo as perguntas que foram elaboradas previamente por leitores e selecionadas pelo cibermeio. O material foi posteriormente editado para a adição de *lettering*, isto é, textos para enfatizar pontos importantes ditos pela entrevistada e os temas de perguntas.

Figura 1.3 – Leitores entrevistam Ilona Szabó sem mediação direta de jornalista

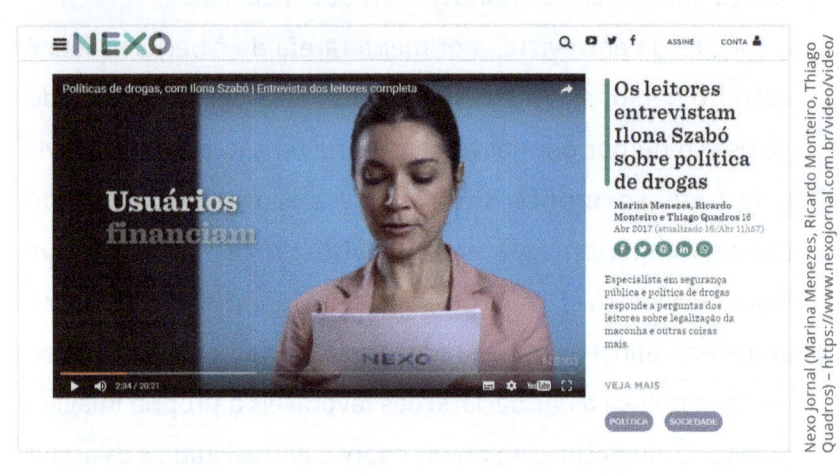

Fonte: Szabó, 2018.

O estilo de pergunta e resposta foi adotado pelo cibermeio com vistas a aproximar os leitores do entrevistado. As mídias independentes estão avançando na busca por interagir com os consumidores de suas informações de uma forma diferenciada da praticada pelas mídias tradicionais.

∴ Fórum

O fórum perdeu a função de ser um espaço de debate sobre certos assuntos determinados e com tempo determinado numa condução síncrona, isto é, simultânea. Hoje, é possível realizar fóruns com opiniões que demoram a ser respondidas. Configura--se, assim, em um espaço descentralizado com múltiplas demandas de assuntos pelos ciberusuários.

Entender as transformações no diálogo entre jornalistas digitais e internautas é o desafio enfrentado em transmissões ao vivo. Comentários de internautas são escolhidos e marcados pelos editores. Repórteres e comentaristas especializados interagem simultaneamente com os fatos apresentados pelos mediadores do fórum, corroborando ou contrastando dados, ideias e comentários.

O participante dos fóruns precisa identificar-se. O uso de contas preenchidas gratuitamente nos cibermeios pode dar espaço ao uso de contas privadas em redes sociais digitais. Entretanto, a filtragem de comentários indesejados e ofensivos deve ser adotada sempre que os temas forem polêmicos. Os *gatekeepers* da *web* – controladores dos conteúdos que chegam ao consumidor de informação na internet – agem, principalmente, em assuntos de política e de esportes.

Durante fóruns no debate esportivo, os comentários dos consumidores de informação são frequentemente agressivos. Em razão do envolvimento emocional deles como torcedores de clubes ou associações esportivas, em transmissões ao vivo, é comum compararem pensamentos de veículos e profissionais que concorrem nesse segmento. Em outras palavras, eles usam os comentários e os argumentos de um cibermeio para combater o que outro cibermeio diz sobre o assunto. No caso da política, contradições ideológicas diante do cenário político conturbado são capazes de criar animosidades e desvirtuar os temas debatidos.

Os *chats*, por sua vez, são espaços de diálogo entre duas ou mais pessoas para gerar mensagens sucessivas, síncronas, multimídia, que transitam na *web*. Entretanto, destacamos aqui que eles perderam espaço para os fóruns, considerados mais dinâmicos. Os portais antigos utilizam essa modalidade de interação entre os participantes. No campo jornalístico, as transmissões via aplicativos ou redes sociais digitais suprem esse espaço, até mesmo superando os fóruns em alcance e visibilidade.

∴ **Pesquisa**

As pesquisas ou enquetes são realizadas pelos cibermeios para saber a opinião do público sobre assuntos determinados que mereçam um debate público. Elas não têm rigor científico, plano amostral e métodos estatísticos definidos. A intenção é obter respostas assíncronas, não semelhantes e ordenadas, ou seja, a partir de experiências colaborativas coletivas, busca-se gerar um resultado sobre o assunto que motivou a participação do público. A pesquisa é democrática, consistindo em um espaço de opinião aberto aos usuários das redes digitais para expressão de suas preferências, seus interesses e seus hábitos.

A interatividade a qualquer custo virou marca de algumas pesquisas na rede. Para saber as preferências de acessórios para o mercado *pet* ou as tendências de moda para o verão, não é necessário fazer pesquisas. Para isso, existem fontes. A pesquisa é uma entrevista de declarações e deve ser usada para resolver problemas coletivos que afetem os interesses de uma comunidade ou sociedade (Martínez Albertos, 1974). Não se pode banalizá-la. As perguntas devem ser breves, claras e idênticas para todos.

Algumas pesquisas permitem o acompanhamento de preferências de respostas pelo ciberusuário. Os percentuais e as quantidades são mostrados e atualizados simultaneamente. O ideal é que elas não permitam novos votos do mesmo respondente. Esses controles, porém, não são iguais em todos os cibermeios. O anonimato é um das caraterísticas de tais pesquisas na rede, as quais podem servir de suporte para os gêneros informativo e dialógico ao endossar notícias ou auxiliar fóruns de discussão (Salaverría; Cores, 2005). Ao mesmo tempo, um repórter pode utilizar os dados de uma pesquisa para confirmar ou contrastar dados e discursos apresentados na reportagem.

1.6
Ciberjornalismo argumentativo

Os gêneros argumentativos buscam o convencimento do usuário pela apresentação de razões e circunstâncias defendidas para explicar assuntos factuais ou antigos. São caracterizados com aqueles que veiculam opinião contundente, autoral ou de cibermeios. Os mais comuns são artigos, colunas, editoriais e humor gráfico. Podemos citar ainda o perfil, o relato de histórias de vida, argumentado e opinado por quem assina o conteúdo.

Esses gêneros podem estar atrelados aos expostos anteriormente; entretanto, pouco aproveitam os recursos hipermídia, hipertextuais e interativos. Estão inseridos nos outros, mais eficazes no uso desses elementos integrantes da rede.

A tática de abertura de espaço para comentários nas páginas da *web*, por *e-mail* e nas redes sociais digitais é o único instrumento usado para interação e interconectividade com os conteúdos argumentados em cibermeios. Os textos produzidos aparentam ser a transposição dos conteúdos do impresso para as plataformas digitais. Expandir as fronteiras desses gêneros é o desafio do ciberjornalista, que deve incluir perguntas aos leitores e fazer *links* para os materiais mencionados.

∴ **Artigo**

Os artigos são assinados por quem os escreve, envolvendo fatos ou assuntos novos ou antigos a serem redigidos por um repórter. O escritor assume suas opiniões e expressões e informa com estilo livre e criativo. É comum o cibermeio publicar o nome e a minibiografia do redator. Os articulistas auxiliam na compreensão de fatos jornalísticos objetivos, desdobrados e relatados sob a visão deles. Posicionamentos múltiplos interferem na forma de apropriação dos significados das mensagens. Alguns cibermeios abrem espaço para que leitores sejam articulistas.

Na produção do artigo, há algumas estratégias: contextualizar e informar o assunto antes de opinar; opinar e, depois, apresentar os argumentos para endossar a opinião; opinar e apresentar argumentos com questionamentos para gerar a interatividade.

As críticas têm características similares às dos artigos. Os ensaios, por sua vez, usados para divulgação científica e exposição de alta propriedade intelectual, artística, cultural e literária, não têm uma responsabilidade informativa. Não podem utilizar as mesmas bases descritas, ainda que sejam pouco aplicadas no ciberjornalismo.

A seguir, apresentamos um exemplo de artigo, extraído do periódico *Você S/A* e replicado no *site* da revista *Exame*. O artigo "Pare de ser egoísta", assinado por Luiz Carlos Cabrera, em 12 de julho de 2017, apresenta o contexto sobre a crise de ética enfrentada pelo egoísmo exacerbado e pela falta de pensar no todo. O articulista questiona em vários momentos nossas práticas sociais, conforme o trecho a seguir.

> Nos dias de hoje, está muito difícil manter a serenidade e, principalmente, exercer o papel de educador ao tentar explicar aos jovens o que acontece com o clima sociopolítico do país. Na minha ânsia de não deixar as novas gerações desaparecerem, tenho me apropriado de uma frase do amigo Mario Sergio Cortella: "O que estamos vivendo não é o ápice da sujeira, é o início da limpeza".
>
> É verdade. E o que desapareceu não foi apenas a ética e a honestidade, mas o senso de bem comum. Essa característica deveria ser imperiosa nos homens públicos em qualquer cidadão do nosso país. Pensar nisso é uma qualidade que se precisa ter na família, no trabalho, no lazer, na manutenção da rede de relações – ou seja, na vida.

Fonte: Cabrera, 2017.

Existe ainda outra forma de utilizar os artigos, que aparecem também como hiperlinks de reportagens produzidas e auxiliam na interpretação dos assuntos abordados. Análises de acontecimentos recentes, principalmente sobre geopolítica, relações internacionais e problemas sociais, são frequentemente observadas. Poucas vezes, utiliza-se hipermídia para ilustrar essas análises. Apesar de o escaneamento da leitura ser mais eficaz, o vídeo e o áudio podem ser usados para uma rápida análise e composição da estrutura informativa do articulado.

∴ Coluna

As colunas são fixas. Profissionais em cibermeios comentam os mais variados temas de acordo com a pertinência e sua especialização. Squarisi e Salvador (2005) argumentam que, nessa atividade, é preciso defender, sustentar ou criticar uma ideia e apresentar pelo menos três argumentos para fortalecer o dito. Dados de pesquisas, referências, legislações e discursos endossam a opinião. "Uma peculiaridade da incorporação dos blogs por parte dos grandes sítios e portais jornalísticos brasileiros foi sua idoneidade como um novo formato para dar espaço às colunas de seus jornalistas e escritores" (Barbosa, 2016, p. 52).

O exemplo a seguir é da coluna da jornalista Eliane Brum no *site El País*. Em sua publicação de 10 de julho de 2017, "O Brasil desassombrado pelas palavras-fantasmas", a jornalista defende a volta do acesso à realidade, sendo o sonho e a arte dois caminhos de resgate da palavra. Observe o primeiro parágrafo do texto:

> Como as palavras podem voltar a dizer no Brasil? A atual crise é também uma crise de palavra, como já escrevi aqui. No sentido de que o movimento das palavras está interditado, como cartas enviadas que não chegam ao seu destinatário. Em parte isso se deve ao fato de que o absurdo tece o cotidiano, como a realidade brasileira não se cansa de provar. E o absurdo se alarga um pouco mais a cada dia. O que se chama de realidade objetiva tornou-se uma vivência do inconcebível. Embora hiperconectados por redes sociais, as palavras são apenas repetições que voltam para si mesmas. Dizer o absurdo – e até gritar o absurdo, já que os gritos se tornaram a preferência nacional – não é suficiente para sair do absurdo ou para minimizar o sentimento de estar à deriva. É como se o remetente e o destinatário das cartas fossem o mesmo, voltando sempre para si, em *looping*, numa espécie de encarceramento da linguagem.

Fonte: Brum, 2017[4].

O texto da coluna da autora flui na tentativa de esmiuçar cada explicitação dela sobre palavras-fantasmas e o que a crise das palavras diz sobre o momento atual do Brasil. Ela busca soluções

- - - - -

4   Os trechos grifados indicam o uso de hiperlinks na publicação original.

e apresenta ligação ainda com a crise da palavra, tema de uma coluna escrita anteriormente e que direciona o leitor à ampliação do redigido.

Pequenas colunas com notas também são utilizadas em larga escala em cibermeios pela rapidez em trazer informações exclusivas, de humor e especializadas sobre esporte, política, economia e cultura. São reduzidas a um parágrafo (Squarisi; Salvador, 2005). Os *blogs* têm utilizado crônicas com relatos de viagens, sobre bastidores de coberturas jornalísticas ou aglutinadoras de assuntos abordados pela imprensa mundial.

Uma coluna tradicional nos cibermeios deveria ser a do *ombudsman* – profissional responsável por analisar com criticidade a publicação como um representante dos leitores, de quem recebe queixas e a quem responde a críticas. O *ombudsman* do impresso não deve ser o mesmo do digital. Isso é apenas transposição de conteúdo. A *Folha de S.Paulo* mantém uma boa coluna de *ombudsman* diário de sua versão impressa. Averiguar, comparar e criticar as produções digitais deveria ser prática corriqueira nos veículos de comunicação digitais.

Nas plataformas digitais, o consumidor de informação é praticamente um *ombudsman*. Ele comenta, critica e envia vídeos, áudios e imagens apresentando erros e acertos. Os portais *iG* e *UOL* adotaram, no início de 2017, o formato de *ombudsman on-line*. A estratégia, porém, não surtiu o efeito desejado. Entendemos que hoje parece mais interessante o investimento no *ombudsman* aplicado aos dispositivos móveis e às redes sociais digitais, canais de grande concentração de consumo de informação e interação. As maiores audiências estão concentradas nas plataformas digitais dos veículos de comunicação.

Hoje, a atenção parece estar voltada para alguns pequenos traços similares a minicolunas, os quais podem ser vistos nas cartas, ou seja, espaços de opinião do internauta no diário digital. Porém, os conteúdos informativos não acompanham necessariamente os acontecimentos factuais. Eles são transpostos geralmente da base impressa tradicional para o meio digital, o que não entendemos como característica de um cibermeio, que precisa ter sua independência narrativa. Essas cartas ou esses comentários de leitores devem ser publicados em espaços de opinião sobre o que está estruturado na edição digital. Dessa forma, é necessária a readaptação do modo de percepção desses espaços em *sites*, portais, *blogs* e outras plataformas digitais.

∴ **Editorial**

O editorial cumpre o papel de apresentar a opinião de um veículo sobre um tema importante para a sociedade. Perde-se muitas vezes o estímulo por serem usados apenas como transposição de conteúdo do meio impresso para o digital. Lembremos que isso não é ciberjornalismo. Alguns cibermeios dedicam espaço exclusivo para esse tipo de publicação. Prática oriunda do jornalismo impresso, o editorial ganha atenção nos canais digitais. Profissionais do cibermeio dedicam-se à produção diária de opiniões sobre temas importantes para a vida cidadã. Outros são contratados para produzir informação especializada a ser endossada pelo cibermeio. Geralmente, o corpo de editorialistas é composto de profissionais com experiência profissional e acadêmica na área de abordagem, que estão ligados à linha editorial do veículo digital, e sua ideologia política ou sua visão normalmente correspondem às dos proprietários do veículo para o qual trabalham. Não são assinados por pessoas; o veículo os assume como sua posição ideológica, política ou para gerar pressões externas. Os editoriais servem para reafirmar o prestígio e a autoridade do cibermeio com o público-alvo.

Os editoriais operam conexões entre objetos de realidade similares aos artigos, cabendo ao veículo de comunicação o reconhecimento do escrito ao buscar e escolher o produto para credibilizar sua função de meio democrático (Seixas, 2009). A escrita privilegia a exatidão. Erros são imperdoáveis por causar perda de credibilidade dos meios. Os editoriais têm estilo próprio, livre, mas objetivo. Os assuntos são estabelecidos pelo corpo diretivo do cibermeio, sendo transcritos segundo direcionamento dado ao autor. Assuntos que provocam debate público acentuado ganham editorial específico na plataforma digital. Um exemplo é o editorial "A renúncia do presidente", publicado pelo jornal *O Globo*, na tarde do dia 19 de maio de 2017, que defende a saída imediata de Michel Temer (A renúncia..., 2017). No texto, o veículo destaca a repercussão do vazamento de conversas com o empresário Joesley Batista.

Clareza, precisão e brevidade são características da redação de um editorial para a *web*. O tema precisa ser apresentado no início. Em seguida, o assunto deve ser desdobrado, argumentando-se sobre as consequências e as implicações dos dados apresentados e considerados pertinentes para a defesa do ponto de vista. Por fim, apresenta-se uma solução ou um conjunto de soluções para o problema. Não é recomendado usar o editorial para atingir concorrentes ou argumentar contrariamente a pontos de vista de articulistas ou de autoridades, referenciando-os por meio de hiperlinks.

∴ Humor gráfico e memes

O humor gráfico geralmente é assinado e reúne uma série de elementos visuais que têm o potencial de provocar a reflexão no usuário. São ilustrações como caricaturas, charges, cartuns, tiras, quadrinhos e desenhos de humor em *sites* e portais ou em mídias independentes. Pode ser relacionado aos outros formatos descritos desse gênero opinativo e argumentativo. Os cibermeios oferecem a possibilidade de publicação com cores, captadas pela visão humana por sua distribuição e suas diferentes tonalidades. Nos jornais impressos, em razão do espaço de publicação, esses elementos podem ser publicados em preto e branco.

O humor gráfico envolve uma técnica empregada em cibermeios para provocar conforto, alívio e um estímulo na compreensão do indivíduo e dos problemas da sociedade. Ameniza os efeitos de conteúdos jornalísticos digitais densos e transmite informações de maneira rápida e clara. Gera estímulos e interpretações diversas de acordo com o repertório cultural. É objetivo na exposição de um fato jornalístico principal em destaque nos grandes meios. Traz alegria, esperança, medo, raiva e tristeza em meio a reflexões profundas.

Além disso, outra possibilidade em larga expansão no jornalismo *on-line* é a utilização de memes (termo que significa "'imitação"). Eles são empregados para compartilhar imagens, *gifs* e vídeos animados para gerar conteúdos informativos, atrair a atenção do consumidor de conteúdos na rede ou até mesmo narrar um fato jornalístico. Alguns cibermeios adotam essa prática para distrair o usuário e concorrer com informações duras de outros grandes *sites* e portais, principalmente em perfis de redes sociais digitais. Um exemplo de uso de vídeos animados pode ser visto no *Catraca Livre*, uma mídia independente que cresce em número de seguidores em sua *fanpage* do Facebook. Ela ultrapassou, em julho de 2017, a incrível marca de 8,7 milhões de usuários.

Apesar de críticas sobre seus conteúdos noticiosos estarem muitas vezes misturados ao entretenimento e a variedades com dicas rápidas e curiosidades para os leitores, *Catraca Livre*, *Vice*, *HuffPost* e *BuzzFeed*, por exemplo, atraem grande atenção dos usuários da rede. A seguir, observamos dois fragmentos de um meme em forma de vídeo que atraiu muitas curtidas no *Catraca Livre*, com a demonstração de um bichinho de pelúcia que poderia ser dado à(ao) ex-namorada(o). Ao lado, ele se transforma num monstro.

Figura 1.4 – *Catraca Live* publica vídeo para entreter em sua *fanpage* do Facebook

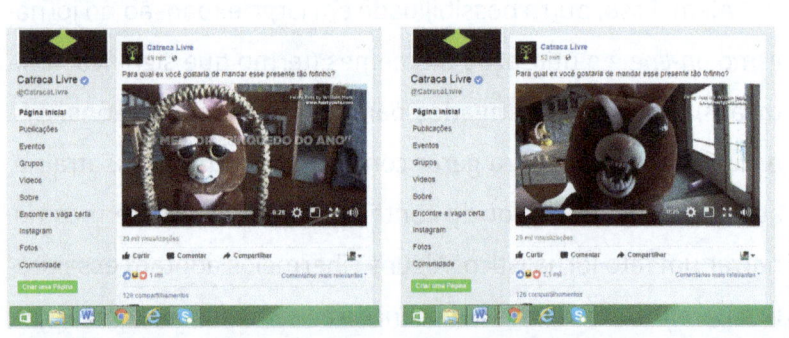

Catraca Livre

No caso do *BuzzFeed*, uma empresa estadunidense de notícias, o uso de vídeos para entretenimento também é prática corriqueira. Alguns memes aparecem incorporados aos conteúdos informativos. No exemplo a seguir, são usadas uma imagem da seleção e outra de um menino, composição que viralizou em redes sociais digitais, seguida da expressão "Que hinooo!", para ilustrar palavras com sentidos diferenciados para hétero e homossexuais.

Figura 1.5 – Meme ilustra o assunto destacado na página do Facebook

Cada vez mais, contar histórias em forma de humor gráfico ganha novas representações com o ciberespaço. Os cibermeios adotam o uso dos memes em larga escala. Esse avanço propicia

que até mesmo cibermeios tradicionais, como a *Folha de S.Paulo* e *O Globo*, utilizem, invariavelmente, os memes para narrar fatos políticos ou despertar simpatia dos leitores em seus perfis de redes sociais digitais.

∴ Perfil

Os perfis, ou reportagens-perfis, descrevem a história de vida de um indivíduo, reportando as características pessoais e profissionais dele. São longas entrevistas realizadas com o objetivo de contar curiosidades e traços de cada personagem escaneado. O redator argumenta ao escrever um perfil. Essa tarefa envolve um ato de romper com a intimidade, de invadir o presente, o passado e o futuro do perfilado. Ser o guardião ou o espião e conviver como um observador da vida alheia durante semanas. Revelar o inesperado, o denso, o preocupante e o emotivo, descrevendo com exatidão os momentos de raiva e os de esperança.

O repórter é observador. Deve ser capaz de vasculhar todos os arquivos físicos, virtuais e mentais do perfilado. Não é recomendável usar gravadores, apenas o bloco de anotações. Buscar fontes secundárias, que possam contar um pouco sobre a história do personagem, ajuda a enriquecer detalhes, hábitos e outros indicativos importantes. "Numa reportagem-perfil espera-se encontrar as informações que as biografias escondem" (Squarisi; Salvador, 2005, p. 69).

É preciso ganhar a confiança do perfilado. Entretanto, alguns deles podem optar por manter um distanciamento do repórter, por timidez ou por desgosto com a imprensa. Assim, é necessário que o repórter atue nos bastidores, visitando lugares que o entrevistado frequenta. Um exemplo que ilustra bem isso é o caso de Dalton Trevisan, conhecido como *Vampiro de Curitiba*, que, há 40 anos, não é entrevistado. Em 2015, a *Folha de S.Paulo* preparava uma edição especial de aniversário do curitibano e tentou entrevistá-lo. O repórter Marco Rodrigo Almeida chegou perto na reportagem "Tímido ao ser abordado em público, Dalton Trevisan afirma não ser quem é" (Almeida, 2015). O jornalista descreve as singularidades, o jeito de andar, o ponto de partida (casa), a fisionomia, as roupas e as formas de expressão (fala e gestos) de Dalton logo nos primeiros três parágrafos do texto, envolvendo o leitor. Um bom exemplo para leitura.

Relato pessoal

Participei, em 2010, da organização da série de perfis no *site* do jornal *Gazeta do Povo*, "Histórias que passam ao nosso lado" (Gazeta do Povo, 2017), conduzida pelo jornalista José Carlos Fernandes. Cada perfil conta, com características próprias do repórter, por meio da junção do jornalismo com a literatura, as emoções e os sentimentos transparecidos pelo personagem.

Rompe com o silêncio perturbador. Desconstrói as imagens públicas conhecidas. Apresenta histórias de personagens importantes para a vida da cidade e da população. Em 2015, novamente o trabalho foi realizado, revelando personagens corriqueiros em notícias e reportagens. Ao redigir um perfil, a liberdade textual é notável, pois não há as amarras de uma notícia ou reportagem convencional com lide e pirâmide invertida.

O jornalista pode ainda apresentar uma biografia, ali exposta por arquivos públicos ou pela vastidão de dados disponíveis em bancos de dados na *web*. Estes são os chamados *perfis biográficos*. Os assessores de imprensa preparam um *press-kit*, isto é, uma série de informações sobre o assessorado, para auxiliar o repórter na estruturação dos traços do perfilado. É preciso cuidado para não apresentar apenas o bom mocinho. Os perfis biográficos são publicados pelos veículos quando acontece a posse do perfilado em um cargo público ou o recebimento de premiação a ser destacada (Squarisi; Salvador, 2005).

O maior erro cometido, em geral, pelos cibermeios é não utilizar recursos multimídia atrelados ao conteúdo textual produzido. É necessário romper com esse medo. A sugestão é não gravar as conversas com o perfilado em áudio e vídeo. Mas os áudios de personagens secundários podem ser usados para ilustrar o conteúdo. Tornar hipertextuais e hipermidiáticos os perfis também é interessante. Não se recomenda fazer registros fotográficos pontuais, mas, sempre que possível, durante todos os minutos de convivência. O ideal é gerar uma galeria de imagens e produzir infográficos interativos e dinâmicos, descrevendo a trajetória de vida do perfilado, numa linha do tempo. Deve-se deixar fluir a criatividade.

1.7
Ciberjornalismo diversional hibridizado

Nesta obra, optamos por trabalhar a infografia multimídia em uma categoria aglutinadora de outras possibilidades imersivas na produção em cibermeios. Quando usamos o termo *diversionais*, a referência é à diversidade de condições a que estão atrelados os conteúdos multimídia.

Esses conteúdos absorvem criações de outros gêneros na configuração de seus produtos cibermidiáticos e são compostos de autonomia em sua produção, sua distribuição e sua circulação. Não estão conectados numa página na *web* a partir de outros gêneros; eles se incorporam em seus significados.

As redes sociais digitais são um exemplo da força dos cibermeios. Eles são integrados em páginas para gerar resultados mais satisfatórios de presença, interação e condição multimídia e hipertextual. Sugerimos essa categoria, convergente de múltiplos elementos híbridos, para a integração de novos progressos ciberjornalísticos. Todo o emaranhado de discursos inovadores pode ser absorvido por essa categoria.

∴ Infografia multimídia

A infografia *on-line* ou digital é especificada por Díaz Noci e Salaverría (2003), no primeiro manual de ciberjornalismo, como um gênero específico. Por entendermos que eles não estão ligados diretamente a uma notícia ou a uma reportagem, respectivamente, gêneros informativo e interpretativo, são separados num novo gênero que é capaz de absorver diversos avanços no campo do ciberjornalismo. Planejar infográficos estáticos ou interativos dinâmicos, multimídia, interativos e hipertextuais não depende dos conteúdos atrelados. As infografias multimídia em cibermeios evidenciam unidades informativas autônomas e permitem a imersão, o protagonismo e a escolha de navegação dos leitores (Salaverría; Cores, 2005).

Infografias interativas ou estáticas devem ser usadas para contar histórias de forma diferenciada. Elas mostram conteúdos que não estão no texto redigido ou outras mídias correlatas ao conteúdo informativo. São híbridas ao congregar som, vídeo e texto num mesmo produto.

O infográfico permite contar uma história, reunir elementos hipermidiáticos e disponibilizar hiperlink. Ele pode trazer ainda *links* associativos ou embutidos no conteúdo interativo – um hipertexto lincável dentro de um hiperlink.

O infográfico digital é um híbrido de gêneros, principalmente informativos e interpretativos, mas adota características diferentes e próprias: a) apresenta explicações sobre acontecimentos ou fatos; b) divulga opiniões mescladas aos conteúdos multimídia no gráfico interativo; c) requer *software* específico para sua produção. Ao contrário, a notícia e a reportagem precisam apenas de um publicador (*publisher*).

Alguns infográficos premiados são exemplos de autonomia em sua produção, como o "Especial carnaval 2015" (Estadão, 2018a), produzido pelo jornal *O Estado de São Paulo*. O ciberusuário pode criar seu samba e conhecer os instrumentos musicais. A principal função é o entretenimento. O *Globo Esporte* produziu o infográfico dinâmico "Cidade da Copa" (Cidade..., 2018), que mostra dados, material visual e narração estimulantes. "Os toupeiras" (Estadão, 2018b) é outro infográfico multimídia produzido pelo *Estadão*. Ele faz uma junção de elementos que narram o furto ao Banco Central e permite percorrer o trajeto feito pelos bandidos no túnel que dá acesso ao estabelecimento.

Figura 1.6 – Infográfico multimídia permite a imersão na cena do crime

Fonte da imagem: Marcos Müller/Estadão Conteúdo

Alguns infográficos multimídia são produzidos em conjunto com outras empresas, a exemplo do "Diversão na era digital" (Diversão..., 2017), uma parceria entre a revista *Superinteressante* e a Chevrolet. O periódico concentra um grande banco de produções de infografia multimídia, que merece ser acessado. Suas produções inovadoras fazem da revista um dos produtos impressos mais rentáveis do Grupo Abril. O investimento no segmento digital da publicação é notável.

Figura 1.7 – Infográfico produzido em parceria entre empresa e revista

Apesar de demonstrarmos a aplicação em infográficos multimídia nacionais premiados, alguns dos melhores exemplos são elaborados pelo *The New York Times* e pela *National Geographic*. No próximo capítulo, ao introduzirmos o tema hipermídia, apresentaremos alguns modelos multimídia produzidos pelo jornal norte-americano, o que ajudará a entender o motivo de ele ditar tendência mundial. Por ora, você pode experimentar algumas ferramentas gratuitas na *web* que permitem criar infográficos dinâmicos, a exemplo de Easel.ly, Infogram, Visme e Piktochart. Existem outras que permitem criar infográficos mais dinâmicos, como o Adioma, gratuito apenas por poucas semanas.

Navegue

ADIOMA. Disponível em: <https://adioma.com/>. Acesso em: 20 jul. 2018.

EASEL.LY. Disponível em: <https://www.easel.ly/>. Acesso em: 20 jul. 2018.

INFOGRAM. Disponível em: <https://infogram.com/>. Acesso em: 20 jul. 2018.

PIKTOCHART. Disponível em: <https://piktochart.com/>. Acesso em: 20 jul. 2018.

VISME. Disponível em: <https://www.visme.co/>. Acesso em: 20 jul. 2018.

∴ **Redes sociais digitais**

A partir do surgimento da rede de *microblogs* Twitter, em 2007, que permite escrever até 280 caracteres, e do Facebook, em 2009, compreender o emaranhado de discursos presentes na *web* passa por debater a imersão desses conteúdos no dia a dia do jornalismo digital. Já comentamos que postagens nessas redes sociais digitais têm o potencial de gerar conteúdos jornalísticos em notícias e reportagens. Por isso, constatamos uma hibridização da forma de uso dos conteúdos das redes sociais digitais em outros gêneros ciberjornalísticos, garantindo uma diversidade de apropriação das mensagens para a recirculação dessa informação em diversos canais. Logo, elas são usadas de formas múltiplas na prática ciberjornalística.

"A 'microblogagem' ou o 'nanoblogging' é um formato que permite a qualquer pessoa "publicar textos curtos, links para websites, fotos ou clipes de áudio, que podem ser vistos pelo público desejado por ela (qualquer visitante – num microblog público – ou um grupo restrito)" (Franco, 2008, p. 157). Produzir conteúdos nesse formato exige uma capacidade de síntese e classificação em padrões sequenciais de informação, não sendo prescindíveis regras como a do lide, presentes no texto impresso, *on-line*, radiofônico ou audiovisual.

Escrever em *microblog* é editar, criar hierarquias de postagem em caracteres reduzidos, publicados, principalmente com o olhar voltado aos consumidores de informação por dispositivos móveis – *mobile* e *tablet*. Essas redes sociais digitais e os dispositivos móveis, chamados *novas mídias*, são mídias externas às tradicionais (Dizard Junior, 2000). "Não obstante, a maioria dos microblogs de meios de comunicação e jornalistas se limita a apresentar os títulos de notícias ou artigos publicados em seus websites, portais ou blogs, o que limita o *Twitter* a ser uma simples caixa de ressonância de seus 'verdadeiros meios'" (Franco, 2008, p. 159).

As redes sociais digitais se fundamentam no princípio de autonomia e liberdade informativa no fluxo de mensagens. Agora, qualquer ciberjornalista pode ganhar projeção, representação e ampla repercussão na *web* graças a uma rápida postagem que atinge todos os usuários com os quais ele mantém contato. Todos os ciberusuários com perfis têm seguidores no Twitter ou amigos no Facebook. Além disso, essas redes propiciam a interação imediata entre emissor e receptor. Uma tática usada por jornalistas é fazer acompanhamentos em tempo real com *links* e transmissões ao vivo do local do evento ou dos fatos.

Outro uso comum é a interação com os internautas diretamente da redação, cujo destaque é para as últimas notícias ou a descrição de fatos que estão ocorrendo. Além disso, entradas ao vivo de ciberjornalistas podem acontecer, funcionando como a porta entre o palco dos fatos e o ciberusuário, introduzindo o assunto ou publicando conteúdos multimídia, utilizando-se aplicativos como o Instagram (2017).

Com o dinamismo proporcionado pelas redes sociais digitais, surgem funções como correspondente de Twitter e Facebook, editor de comunidades ou mídias sociais para dar suporte aos repórteres multimídia dentro e fora das redações físicas ou virtuais. Todavia, o próprio repórter deveria participar da interação de questionamentos produzidos por receptores de sua informação. Afinal, ele checou, pesquisou e redigiu as informações levadas ao público. Mais do que qualquer outro profissional, é ele quem tem propriedade para responder com precisão ao internauta. No entanto, o dilema de falta de tempo, estrutura e pessoal em redações jornalísticas pode pesar na centralização dessa função.

Já demonstramos como as redes sociais digitais e os aplicativos estão modificando a forma de fazer jornalismo, aproximando as pessoas pela possibilidade de levar conteúdos multimídia diversificados para novos públicos. O *Jornal da Band*, por exemplo, foi o primeiro telejornal no Brasil a levar o noticiário diário para a página do telejornal no Facebook, em 11 de julho de 2016, por meio de uma parceria com a Claro. A seguir, registramos a transmissão realizada, que atraiu a atenção de mais de 40 mil pessoas, nova audiência para o meio de comunicação.

Podemos citar ainda, nesse novo caminho, as transmissões crescentes via *streaming* por outros veículos de comunicação, como o rádio. Pelo Facebook Live Stream, a Rádio BandNews FM transmite os comentários do jornalista Reinaldo Azevedo. Além disso, transmite o *live* do radiojornal diurno apresentado pelo jornalista Ricardo Boechat. O programa também é transmitido por aplicativo para os sistemas operacionais iOS e Android.

Além dessas transmissões, podemos citar a inovação trazida pelo Clube Atlético Paranaense e pelo Coritiba Foot Ball Club durante a disputa das finais do Campeonato Paranaense de 2017. Após a decisão de não comercializarem os direitos para a transmissão de seus jogos com a Rede Paranaense de Comunicação (RPC), afiliada da Rede Globo no estado do Paraná, os clubes decidiram transmitir os jogos da final por meio de seus perfis nas redes sociais YouTube e Facebook.

Juntos, os clubes atingiram a marca de quase 600 mil visualizações e elevaram o número de assinantes nas duas redes sociais. O *streaming* foi cedido pelo YouTube, e a emissora Esporte Interativo cedeu três profissionais para a transmissão. As reportagens no campo foram feitas por duas profissionais do departamento de comunicação de cada um dos times que já trabalhavam na TV CAP e na TV Coxa.

A mesma situação aconteceu com a Confederação Brasileira de Futebol (CBF), que não aceitou comercializar os amistosos da seleção brasileira contra Argentina e Austrália com a Rede Globo. A entidade transmitiu os jogos pela CBF TV, o canal de televisão na internet, e pelo aplicativo Vivo Mobile. Além disso, comprou um espaço na grade de programação da TV Brasil.

No segmento audiovisual, as transmissões por Periscope, um aplicativo de *streaming* social, receberam grande atenção de diversos *sites* e portais pelo mundo para entrevistas rápidas ao vivo. O aplicativo permite a interação com usuários do Twitter. Outro aplicativo usado é o Stream, que possibilita compartilhar os vídeos com usuários do Twitter e Facebook. Entretanto, nada supera a força do YouTube como difusor de vídeos produzidos, pela capacidade de viralização. Além disso, tem investido em experiências para usuários produzirem seus conteúdos com *smartphones*.

Navegue

PERISCOPE. Disponível em: < https://www.pscp.tv/>. Acesso em: 23 jul. 2018.

STREAM. Disponível em: <https://stream.live/>. Acesso em: 23 jul. 2018.

∴ *Games* e *newsgames* nos cibermeios

O jogo é uma atividade lúdica, fictícia ou imersiva do usuário na disputa, no combate, na competição e na construção de estratégias para obter o êxito esperado. Os espaços virtuais proporcionam prazer ao jogador ao simular situações por meio da realidade virtual e estímulos sensoriais similares aos do corpo em movimento na realização de ações físicas. O cinema, o livro e as histórias de super-heróis e de ficção científica fazem parte desse crescimento do mercado de jogos eletrônicos. Essas histórias e seus personagens são mesclados em *games*.

Surgem os jogos *indies*, aqueles feitos de maneira independente, que trazem temáticas, narrativas, estruturas e formatos arrojados e dinâmicos. Já os jogos profissionais contam com uma equipe multidisciplinar no planejamento integrado, composta de *designers*, sonoplastas, músicos, programadores e roteiristas

(Silva, 2012). Os critérios de jogabilidade, as plataformas de cibermeios nas quais será posteriormente disponibilizado o *newsgame*, as narrativas e a interface são definidos nessa etapa de planejamento.

Os *newsgames* são jogos jornalísticos que incorporam o gênero informativo a partir do formato noticioso. A intenção é informar o leitor por meio de uma atividade lúdica, ao gerar interação simultânea entre emissor e receptor. O usuário apropria-se de notícias e busca informações por meio da imersão no *game*, utilizando a interatividade como ferramenta (Alves, 2015). Os *newsgames* surgiram como tabelas e gráficos animados, mas, aos poucos, foram sofrendo transformações, com a inclusão de fotografias, balões de conversação e jogos de perguntas e respostas para provocar a multimidialidade e a hipertextualidade.

Uma pesquisa recente de Bogost, Ferrari e Schweizer (2010) sobre a aplicação de jogos jornalísticos revela seis diferentes formas de aplicabilidade dos *newsgames*:

1. atualidades (trazem opiniões a partir da produção de notícias e acontecimentos recentes);
2. infográficos (jogadores simulam cenários e situações interativas);
3. documentários (trazem dados históricos com narrativas similares a documentários e reportagens investigativas);

4. quebra-cabeças (surgem a partir de palavras cruzadas e são utilizados para a produção de jogos de pergunta e resposta do ambiente digital);
5. educativos (jogos de ensino do jornalismo e da conexão desses profissionais com a sociedade);
6. comunidade (criam tribos e grupos identitários locais).

Dessa forma, observamos que os *games* têm narrativas híbridas com o uso de diferentes formatos permeados em diferentes gêneros diversos, mas que não podem ser incluídos neles por características próprias.

∴ Textos gerados por *softwares*

O aumento de *softwares*, aplicativos e *gadgets* tecnológicos nos últimos anos resulta em espaços para o desenvolvimento de ações jornalísticas. Capacitar os profissionais com instrumentos e técnicas para o benefício da profissão e do exercício profissional é um dos objetivos de quem trabalha na área de desenvolvimento de sistemas e dispositivos. Essas pessoas buscam formas e estratégias de reduzir o tempo para profissionais das redações ou independentes.

Entendemos, porém, que nenhum *software* substitui o conhecimento humano capacitado a desempenhar pesquisa, checagem e transmissão de informações. Os *softwares* funcionam como instrumentos de apoio, portanto não substituem os critérios jornalísticos convencionados no ambiente digital.

Uma ferramenta muito útil para transcrever textos é o oTranscribe, que permite incorporar um arquivo de áudio do computador ou um *link* de vídeo do YouTube numa mesma tela em que se digita o texto. Existe uma série de recursos estilísticos para o texto e com controle de reprodução do áudio. Outra opção bastante útil, capaz de transcrever com bastante precisão o que se diz em áudio, é o Dictation.io. Ele transcreve em tempo real o que está sendo dito; basta definir a linguagem de transcrição para ter o conteúdo transcrito no *display*.

As empresas de inteligência artificial buscam gerar notícias. A inteligência artificial pode ser um meio de que o jornalismo digital se apossará no futuro, gerando estímulos nos sentidos humanos. Os *chatbots*, assistentes pessoais e *softwares* que permitem o envio de mensagens instantâneas, podem ser usados para a criação de narrativas no ciberjornalismo.

Um exemplo de uso da inteligência artificial é a organização Narrative Science. Segundo Santos (2014, p. 280), o objetivo da empresa é desenvolver

> conteúdo jornalístico automatizado vendido como serviço para portais de notícias, principalmente da área de esportes e finanças, em que uma boa parte da informação utilizada advém

de números e relações entre grandezas mensuráveis como a cotação do dólar ou o resultado de uma partida de futebol.

As empresas que têm esse intuito passam a desenvolver lides, títulos e pequenas narrativas com base em dados extraídos de diferentes temáticas. O conhecimento em linguagem de programação é fundamental para o desenvolvimento de iniciativas nesse campo em expansão. Ainda incipiente, o campo requer dos profissionais habilidades diferenciadas e capacidade de codificar, entender a validação de cálculos realizados pelo *software* por meio de comparação ou seleção. Esse processo surge com um formato diferenciado, não sendo possível incluí-lo em qualquer outro formato de gêneros anteriores.

Navegue

DICTATION.IO. Disponível em: <https://dictation.io/>. Acesso em: 23 jul. 2018.
NARRATIVE SCIENCE. Disponível em: <https://www.narrativescience.com>. Acesso em: 23 jul. 2018.
OTRANSCRIBE. Disponível em: <http://otranscribe.com/>. Acesso em: 23 jul. 2018.

Síntese

Convergência reconfigura e renova os gêneros jornalísticos. Surgem os seguintes gêneros ciberjornalísticos:

- **Informativos**
  (notícia)
- **Interpretativos**
  (reportagem e crônica)
- **Dialógicos**
  (entrevista, fórum e pesquisa)
- **Argumentativos**
  (artigo, coluna, editorial, humor gráfico e perfil)
- **Diversionais híbridos**
  (infográficos multimídia, redes sociais digitais, *newsgames* e textos gerados por *software*)

Questões para revisão

1. Por que as notícias e as reportagens não são classificadas como formatos de um mesmo gênero ciberjornalístico?

2. Por que a convergência é importante para a reconfiguração e a renovação dos gêneros jornalísticos voltados à web?

3. Ramón Salaverría (2017) estabelece nove critérios para distinguir estruturas, formatos e conteúdos de cibermeios. Assinale a alternativa **incorreta**:

   a) A plataforma estabelece o tipo de publicação por linguagem ou o tipo de dispositivo móvel e conta com quatro tipos de cibermeios: *web, tablets, mobiles* ou multiplataforma.

   b) Os cibermeios podem ser temporais, isto é, periódicos, atualizados continuamente, ou multitemporais.

   c) De acordo com o alcance, eles podem ser internacionais, nacionais, locais ou de bairro.

   d) Podem ser de autoria multiplataforma ou unidirecionais.

4. Os cinco gêneros ciberjornalísticos produzem diferentes formatos. Assinale a alternativa correta com relação à nomenclatura correspondente:

   a) Argumentativos, dialógicos, diversionais instigativos, informativos e interpretativos.

   b) Argumentativos, dialógicos, diversionais hibridizados, informativos e interpretativos.

   c) Argumentativos, diversionais hibridizados, informativos, instigativos e interpretativos.

   d) Dialógicos, diversionais argumentativos, informativos, interpretativos e instigativos.

5. Sobre a infografia multimídia, assinale V nas afirmativas verdadeiras e F nas falsas:

( ) Traz explicações sobre acontecimentos ou fatos.

( ) Integra elementos não jornalísticos, multimídia, hipertextuais e interativos.

( ) Mescla opiniões com conteúdos multimídia no gráfico interativo.

( ) Necessita de *software* específico para produção.

( ) Possibilita conteúdos vagos e pouca interatividade.

A seguir, marque a alternativa correta:

a) V, F, V, V, F.

b) F, F, V, V, V.

c) V, F, V, F, F.

d) F, V, F, V, F.

Capítulo
02

Características do ciberjornalismo

Conteúdos do capítulo:

- Aplicação de cada característica considerando-se as experiências proporcionadas pela comunicação e pelo jornalismo digital.
- Compreensão de como a *web* modifica as relações de apropriação de significados e promove singularidades em relação aos meios tradicionais.
- Possibilidades destacadas com base na inserção de novas características na realidade do ciberjornalismo.

Após o estudo deste capítulo, você será capaz de:

1. reconhecer os dez principais elementos que diferenciam a *web* dos meios tradicionais;
2. compreender o tripé hipertextualidade, multimidialidade e interatividade;
3. identificar as características presentes na rede informática.

As características do ciberjornalismo são fundamentadas nas possibilidades narrativas e de construção de um modelo comunicacional válido para a rede informática mundial. Alguns atributos são herdados de experiências obtidas por outros meios de comunicação. Entretanto, grande parte das características é construída com base nos padrões e recursos criados pelo ciberespaço e pela conectividade com redes computacionais e dispositivos móveis, que reconfiguram práticas, rotinas produtivas, distribuição e circulação dos produtos formatados.

A leitura tende a ser fluida no ambiente digital. A assimilação de todos os conteúdos acessados ao longo do dia é baixa. É comum a informação jornalística a que uma pessoa teve acesso ficar pouco ativa em sua memória em poucos dias, gerando apenas experiências vastas a respeito do que foi lido, ouvido ou assistido. Lembremos que essas situações são recorrentes em nosso dia a dia. No jornalismo digital, em que há mídias convergentes e narradas de formas distintas, a situação nos parece mais perturbadora.

As experiências mostram que o usuário de informação digital é mais participativo e volátil, migra e interage nos canais de informação com rapidez. Geralmente, a pessoa navega pouco tempo numa *homepage* de um veículo tradicional, busca a informação que lhe interessa e vai de um ponto a outro do *site* rapidamente. Essa situação é mais comum do que imaginamos. O nível de fixação do leitor-usuário-receptor de informação digital num *site* é bastante baixo.

Experimentamos todos os dias as possibilidades que os canais digitais propiciam a nós, consumidores de informação, quando os acessamos. Ali, encontramos uma verdadeira indústria do entretenimento e do consumo. Na busca pela ubiquidade, isto é, estar em todos os lugares ao mesmo tempo pelo contato com a notícia, fazemos caminhos distintos. Podemos ler o horóscopo, um *blog*, na sequência navegar no obituário, voltar para a *homepage*, depois analisar quais são os filmes em cartaz e, por fim, ler alguma notícia manchetada nos últimos minutos. Definimos o que deve ser apreciado no momento mais adequado, sem hierarquias, mesmo dispondo de mecanismos de controle e filtragem de informação.

Os gêneros ciberjornalísticos apresentados no capítulo anterior são formulados nessa conjuntura da rede. Para isso, algumas compreensões dos principais elementos da estrutura da internet são fundamentais. Esse conjunto de elementos diferencia a *web* dos meios de comunicação tradicionais. A seguir, detalharemos dez aspectos que abrangem a produção na *web*: 1) instantaneidade; 2) fisiologia; 3) hipertextualidade; 4) hipermidialidade; 5) transmidialidade; 6) interatividade; 7) investimentos; 8) memória; 9) personalização; e 10) usabilidade.

2.1
Ubiquidade no ciberespaço

A internet tem a vantagem de levar a informação com instantaneidade ao público, direcionando os conteúdos a alvos específicos, separados por regiões geográficas e organizações parceiras de uma mesma empresa (Pinho, 2003). A ubiquidade permite acessar informações em posições geográficas distintas do ponto de origem do acesso.

As redes sociais digitais também facilitaram o direcionamento de determinados conteúdos jornalísticos para públicos específicos ou pensados para a localidade em que vivem. A produção para a *web* pode ser imediata em caso de necessidade de divulgação de notícias urgentes. A *web* é capaz de difundir mensagens que garantam a complementariedade de uma informação em fração de minutos.

2.2
Seleção para reduzir a fadiga

A fadiga visual é característica da relação humana com a tela do computador. Piscamos menos, aproximamos o objeto de nosso campo de visão e lemos vagarosamente (Pinho, 2003). Nossa leitura em frente a uma tela de computador é 25% mais lenta que a feita no papel (Tejedor Calvo, 2010).

Ao acessar uma informação, o internauta analisa o conteúdo nas diferentes plataformas, inicialmente, do canto superior esquerdo para o direito e, depois, de cima para baixo. O usuário controla sua navegabilidade buscando palavras e frases-chave, elegendo elementos importantes em cada página navegada (Tejedor Calvo, 2010).

2.3
Do hipertexto ao hiperlink

A linearidade é marca no jornal impresso, na TV e no rádio, pois existem começo, meio e desfecho na navegabilidade da informação. No jornalismo digital, ao contrário, é possível navegar pela estrutura da informação sem uma sequência definida. Não existe controle por parte do redator, já que há a possibilidade de o usuário-receptor navegar por notícias correlatas ou absorver conhecimentos sobre fatos similares recentes, complementares à notícia – em forma de suíte – e dispostos com destaque, como você deve ter percebido em suas últimas navegações, por meio de *links* (em cor distinta da usada no texto, geralmente azul), em boxe ou outra coluna, por exemplo.

A leitura de um texto *on-line* ocorre de maneira não linear e em subníveis ou estratos de informação em distintas páginas da *web*, permitindo a navegabilidade e a usabilidade do *site*, *blog* ou canal digital de interesse do cidadão digital. Hoje, qualquer texto dinâmico pensado para a *web* é um hipertexto – resultado da criação de Ted Nelson[1] –, cujo objetivo é o encadeamento de informações num *website* de maneira clara ao usuário de acordo com um texto que torne atrativa a continuidade de navegação por outros tópicos ou assuntos (Moura, 2002).

---

1   Theodor Holm Nelson, conhecido como Ted Nelson, é filósofo e mestre em Sociologia pela Universidade de Harvard. Desenvolveu o conceito de *hipertexto* na década de 1960, no projeto Xanadu, duramente criticado por supostamente levar ao surgimento da World Wide Web (WWW), criada por Tim Berners-Lee. A ideia do hipertexto, na época, era criar um sistema computacional em rede que permitisse o controle de informações textuais múltiplas, apresentando similaridades, controles, exclusões e diferenças de produções escritas, por meio da comparação de arquivos virtualizados.

O hipertexto, que pode ser entendido como o uso do computador para transcender a linearidade, é composto de blocos textuais, lidos de forma não sequencial, a partir de uma estrutura variável (Delany; Landow, 1994). O hipertexto jornalístico na *web*, com bases hipertextuais do jornalismo literário, surge dessa condensação de blocos textuais ao beneficiar cibermeios para a exposição de textos de leitura e textos de consulta (Díaz Noci; Salaverría, 2003). "Um bloco de diferentes informações digitais interconectadas é um hipertexto, que, ao utilizar nós ou elos associativos (os chamados links), consegue moldar a rede hipertextual" (Ferrari, 2004, p. 42).

Quadro 2.1 – Métodos de acesso ao hipertexto em *sites*

Método inspecional	O usuário, a partir da visualização rápida da informação, busca localizar imediatamente o assunto de que necessita em meio à gama informativa. Geralmente, fica centrado na *homepage* do cibermeio.
Método analítico	O usuário tateia o bloco informativo da rede hipertextual, isto é, busca analisar subpáginas ou conteúdos específicos de editorias sem aprofundamento. É, portanto, uma extensão do método inspecional, mas com os conteúdos analisados em blocos rapidamente.

(continua)

(Quadro 2.1 – conclusão)

Método investigativo	O usuário direciona o caminho de busca, localizando o conteúdo desejado e navegando na rede hipertextual com conhecimento sobre o assunto. Ocorre a ruptura com os dois métodos anteriores, pois o ciberusuário se aprofunda no conteúdo do *site*.
Método comparativo	O usuário direciona o caminho de busca com conhecimento sobre o assunto e estabelece relações com bases hipertextuais de outros *sites* ou de assuntos apresentados em hiperlinks na mesma página de navegação do conteúdo informativo, comparando blocos textuais.

O usuário avança pelo texto sem um ordenamento, ou seja, uma linearidade de contato visual com a informação, conectando-se a textos por meio de *links*, resultando no que conhecemos por hiperlinks. Logo, "o site é considerado como um ator, os hyperlinks entre sites representam a conexão relacional ou link" (Park; Thelwall, 2008, p. 193). Os hiperlinks ligam as páginas. Os *links* que permitem a navegabilidade do internauta são divididos nas seguintes categorias:

- **Navegação**: Aquele que os usuários usam para navegar pela rede; em geral, todos os *links* pertencem a essa categoria.
- **Interno**: Permite navegar no próprio *site* por meio de estruturas e subníveis internos, isto é, páginas e recursos multimídia para conteúdos correlatos ou que permitam a relação

entre temas ou assuntos em comum destacados. O leitor é conduzido para *sublinks*.

- **Externo**: É nosso direcionamento, como consumidores de informação *on-line*, para fora do *site* de navegação. Ele pode ser aberto na mesma janela da navegação ou em nova guia – o mais comum. O uso de *link* externo direcionado para sua página permite que o usuário não volte para o *link* originário, isto é, o *site* onde navegava.
- **Associativo**: Propicia ao usuário a obtenção de mais conhecimento. Ele pode ser sobre políticas internas da organização ou outros conteúdos adicionais resumidos ou que precisam ser expandidos. Possivelmente, como consumidor de informação *on-line*, você já viu esse tipo de *link* usualmente empregado em *boxes*, em seções ou no pé do texto com alguma das expressões: *clique aqui, saiba mais, leia a matéria completa, descubra mais sobre o assunto*, entre outros. Nessa categoria, existem ainda os chamados *código âncoras*, que também são dirigidos para as partes do texto e dos conteúdos adicionais a que fazemos menção.

Relato pessoal

Quando trabalhei na redação digital do jornal *Gazeta do Povo*, aplicávamos muito esse recurso para guiar o leitor a um "veja o infográfico" – ao clicar no *link*, o leitor era conduzido para o meio da página ou o ponto em que estava o infográfico. O mesmo acontecia com áudios, vídeos, conteúdos correlatos em formato de quadros informativos, entre outros elementos.

- **Embutido**: É utilizado no texto produzido pelo jornalista ao remeter o leitor para outro conteúdo, arquivo ou anexo. Normalmente, encontramos o *link* marcado em outra cor – em geral, azul –, em uma palavra ou frase, para levar o leitor a outro conteúdo que pode ser de seu interesse.

Na Figura 2.1, sintetizamos as categorias de *links* existentes.

Figura 2.1 – Categorias de *links*

[Diagrama: círculos com "Interno", "Externo", "Associativo", "Embutido" ao redor de um círculo central "Navegação"]

Fonte: Elaborado com base em Pinho, 2003.

Portanto, os cinco tipos de *link* descritos propiciam uma leitura de informação não linear, pois podemos escolher o sentido que daremos a ela: continuidade do texto, saltos textuais ou direcionamentos a outros conteúdos e recursos que consideramos importantes. É recomendável, sempre que possível, usar estruturas lincáveis (hiperlinks) que apresentem informações e não sejam apenas referenciadas em poucas palavras desconexas ou imprecisas na rede. "A internet é uma rede comunicacional construída a partir de conexões interligadas por meio das quais uma certa quantidade de mensagens trafega. Neste processo, um *site* funciona como um nó que transmite mensagens e determina seus caminhos de acordo com uma seleção de hyperlinks" (Park; Thelwall, 2008, p. 201).

2.4
Hipermídia

O surgimento da rede hipertextual, uma rede de hiperlinks, propiciou a criação da hipermídia, com a leitura de hipertextos e recursos multimídia, tecnologia que engloba som, imagem e movimento (Ferrari, 2004). A hipermídia é um texto verbo-audiovisual, uma forma combinatória, permutável e interativa de multimídia, que proporciona ao usuário leitor/receptor a configuração diferenciada individual e a criação infinita de novos materiais (Machado, 1997). Isso abrange todas as formas de transmitir informações por meio de computadores, o que inclui textos, imagens, sons, vídeos e animação (Ferrari, 2004).

A hipermídia é resultado da associação de sistemas de hiperlinks (hipertextos lincáveis) que permitem a navegabilidade do usuário por meio dos diferentes mecanismos combinatórios de som, imagem e texto; em outros termos, a interação entre a hipertextualidade e a multimidialidade leva à hipermidialidade. A hipermídia traz a "possibilidade de estabelecer conexões entre diversas mídias e entre diferentes documentos ou nós de uma rede. Com isso, os 'elos' entre os documentos propiciam um pensamento não linear e multifacetado" (Leão, 2005, p. 16).

Os conteúdos multimídia constituem os nós da rede e estão sempre interligados por *links* em um sistema hipermídia. A multimidialidade resulta na integração de códigos nessa rede, isto é, unindo texto, som, áudio, infografia e uma base de **arquitetura de informação** possibilitada por *softwares* avançados – os programas. Uma multimídia jornalística exige que ao menos dois dos três elementos estejam presentes: imagem (estática ou em movimento), som e texto (Tejedor Calvo, 2010). Entretanto, conforme Salaverría (2014), precisamos analisar a multimídia considerando os seguintes aspectos: plataformas – meios de veiculação que regulam estratégias de conteúdo; polivalência – o jornalista pode ser *freelancer*, sem especialização específica, ou ainda ser multitarefa; e combinação de linguagens – junção de elementos como texto, imagem, som e vídeo.

Figura 2.2 – Formas de multimidialidade

> **Multimídia por justaposição:**
> elementos multimídia desagregados com acesso e consumo de cada um deles realizado em separado.

> **Multimídia por integração:**
> apresenta unidade nos elementos multimídia, articulados num discurso único e coerente.

> **Multimídia por subordinação:**
> apresenta relação de hierarquia entre o elementos. Os elementos secundários estão ligados ao principal.

Fonte: Elaborado com base em Tejedor Calvo, 2010; Salaverría, 2014.

Alguns exemplos de sucesso nos *sites* e portais de notícias mostram os usos adequados das plataformas na *web* e dispositivos móveis para levar conteúdos informativos apropriados e variados ao ciberusuário. Em 26 de maio de 2013, o diário britânico *The Guardian* produziu um conteúdo multimídia, interativo e hipertextual chamado "Firestorm" (Firestorm, 2013). O projeto narra uma tragédia na Tasmânia e encadeia uma série de elementos numa narrativa estimulante. Um clique na tela inaugural do especial, enriquecida com áudio e imagens em movimento, coloca o ciberleitor dentro do conteúdo. A imersão a partir do deslizar para baixo apresenta uma série de capítulos contemplados com paisagens sonoras e textos concisos, garantindo a ambientação com o conteúdo informativo.

Figura 2.3 – Projeto multimídia desenvolvido pelo *The Guardian*

O conteúdo multimídia, chamado de *documento hipermidiático* ou *arquivo multimídia*, não "exprime jamais um conceito, no sentido de uma verdade dada através de uma linha de raciocínio; ele se abre para a experiência plena do pensamento e da imaginação, como um processo vivo que se modifica sem cessar, que se adapta em função do contexto, que enfim joga com os dados disponíveis" (Machado, 1997, p. 148).

Uma iniciativa capaz de reunir fotos, vídeos, áudios e textos em uma única plataforma é o Medium. Com o surgimento dele, as experiências com Blogger e WordPress podem ser deixadas de lado quando o assunto é *blog* pessoal ou coletivo. A plataforma trabalha com o que entendemos como os novos *blogs*. Dinâmico e interativo, o Medium ampliou as possibilidades de dimensionar elementos textuais e imagéticos para visualização rápida em *template* leve. Além disso, tem uma nova forma de mostrar os comentários nas laterais da plataforma. Gráficos, *posts* do Twitter, *podcasts* e *videocasts* podem ser anexados ao conteúdo textual. Os materiais podem ser colaborativos.

Navegue

BLOGGER. Disponível em: <https://www.blogger.com/about/?r=1-null_user>. Acesso em: 23 jul. 2018.
MEDIUM. Disponível em: <http://medium.com/>. Acesso em: 23 jul. 2018.
WORDPRESS. Disponível em: <https://br.wordpress.org/>. Acesso em: 23 jul. 2018.

No exemplo a seguir, no perfil criado pelo *Farol Jornalismo* (2017) no Medium, observamos em vários *posts* o uso de todos os recursos hipermidiáticos. As imagens são inseridas em diferentes tamanhos durante o texto, gráficos são utilizados para ilustrar dados, trechos citados são destacados em fonte maior e cores distintas, hiperlinks e *tweets* são incorporados no texto e há opção de compartilhamento em redes sociais digitais e o uso integrado de áudio postado na plataforma SoundCloud.

Figura 2.4 – *Farol Jornalismo* usa recursos hipermidiáticos no Medium

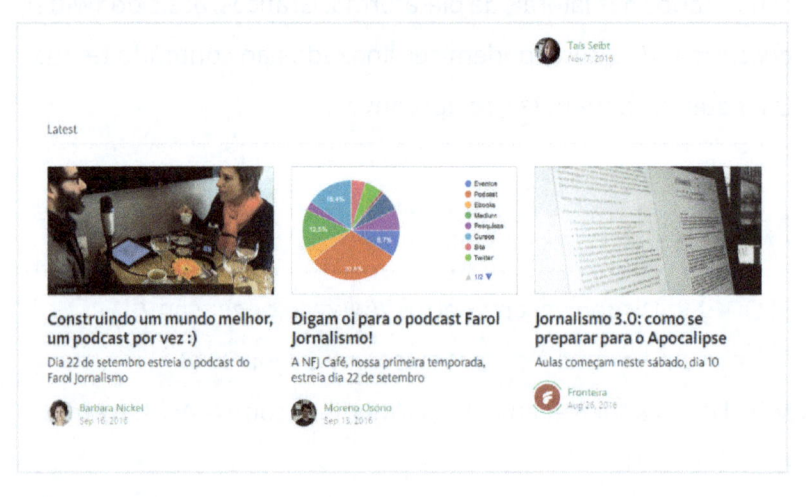

Características do ciberjornalismo

Fonte: Farol Jornalístico, 2018.

Ainda nos últimos anos, a partir do século XXI, a **animação computacional** ou digital também passou a ser utilizada como recurso narrativo multimídia, apesar de seu processo lento e dificultado para notícias de última hora (Salaverría, 2014). Esse elemento é mais utilizado em produções multimídia planejadas – *deadlines* longos – para o uso de infografias que aliam o entretenimento e a informação jornalística. Observamos que esse campo precisa de progressos, embora haja dificuldades e demandas redacionais que comprometam o investimento nesse tipo de conteúdo multimídia.

Hora de criar!

Crie uma conta na plataforma de *blogs* Medium e comece a produzir uma série de relatos de acontecimentos jornalísticos que ocorrem em seu bairro. Teste os recursos hipermidiáticos disponíveis.

2.5
Narrativa transmídia

O grande desafio do profissional de jornalismo digital é saber contar as histórias e torná-las atrativas. A complementariedade de informações deve ser basilar entre os conteúdos multimídia e não deve haver repetições de narrativas, a fim de permitir ao leitor-telespectador-ouvinte que escolha qual mídia quer usufruir num conteúdo noticioso. O jornalismo transmídia é uma forma de linguagem jornalística que contempla ao mesmo tempo distintos meios com várias linguagens e narrativas para uma infinidade de usuários (Renó; Renó, 2013).

Perguntas & respostas

Qual é a diferença entre crossmídia e transmídia?

Conforme indicam Renó e Renó (2013), o termo *crossmídia* explica a distribuição de um mesmo conteúdo por diferentes meios. Trata-se de uma mesma mensagem, um mesmo conceito, mas adequada a um formato de meio. A transmídia, por sua vez, envolve pensar a distribuição de conteúdos diferentes, porém relacionados em meios digitais específicos para construir uma nova mensagem.

A linha tênue entre **separação** e **junção** de informações num mesmo material produzido parece ser o drama de todo jornalista no dia a dia de suas tarefas. Podemos entender, assim, que as inclusões de elementos diferenciados, complementares, interativos e quiçá inovadores devem estar presentes nas produções cotidianas. Todo bom profissional no jornalismo deve ser capaz de, por meio de suas coberturas, reunir uma gama de informações que possam ser transpostas em diferentes mídias.

A CNN conseguiu reunir no projeto especial de dez anos dos atentados de 11 de setembro de 2001 (9/11 Ten..., 2018), nos Estados Unidos, narrativas diferenciadas. Os conteúdos multimídia, interativos e hipertextuais abordam vários cibergêneros jornalísticos, concentrando notícias, reportagens, arquivos hipermidiáticos, opiniões, editoriais, entre outros modos de aplicação de cibergêneros.

A liberdade de informação em redes sociais digitais, como YouTube, Twitter e Facebook, possibilita uma distribuição de conteúdos de forma descentralizada dos grandes meios de comunicação tradicionais em seus cibermeios. Esses conteúdos podem ser disponibilizados em narrativas diferenciadas a partir de um eixo central, isto é, o texto-base. A ideia-chave se ramifica em outros formatos de mídia, a exemplo de novos textos sustentados por formatos de gêneros distintos: audiovisual, sonoro, infográfico, animação, entre outros. As narrativas são diferentes. Constroem-se sobre modelos alterados pela interação entre usuário e cibermeio. Além disso, amparados por dispositivos móveis, *tablets* e *smartphones*, os conteúdos produzidos para redes sociais digitais ganham qualidade e dinamismo, numa sincronia musical entre hipertextos, hipermídia e interatividade, o que, muitas vezes, os cibermeios não são capazes de executar nas ações diárias.

2.6
Interação hipermidiática

O internauta busca interagir com o conteúdo jornalístico produzido nos canais digitais de forma instantânea à leitura. A interação comunicacional é apoiada pelo desenvolvimento computacional inteligível aperfeiçoado continuamente. Sistemas de filtragem excessiva usados pelos veículos de comunicação tradicionais, cobrança de conteúdos e outras formas de direcionar conteúdos específicos e exclusivos parecem afastar os usuários desses portais, *sites* e *blogs* de cibermeios tradicionais.

O público ao qual se deseja direcionar esse tipo de mensagem privada precisa ser estudado antes da aplicação desses métodos restritivos, para que estes não reduzam a função de leitura e a participação dos canais de veiculação digitais. Diante da abundância de conteúdos, o consumidor busca outras fontes, críveis ou não, para obter as informações sobre o assunto desejado.

Alguns cibermeios têm utilizado ainda a interação via redes sociais digitais, como o Twitter, principalmente, para enquetes. O usuário interage por meio de uma postagem em sua conta privada de rede social digital, utilizando-se de *hashtags*, e automaticamente, com o apoio de um *software* que mede a influência de uma resposta nas redes sociais digitais, é possível contabilizar um percentual de respostas. É um caminho para ser utilizado no dia a dia da prática ciberjornalística.

O ciberusuário também participa diretamente dos mais variados conteúdos produzidos por ciberjornalistas, desde os comentários a respeito de uma informação produzida até fóruns, entrevistas feitas no espaço físico ou virtual da redação com especialistas em assuntos a serem destacados, como imposto de renda, prevenção de doenças de inverno e finanças pessoais, que podem auxiliar o ciberusuário em sua vida privada e coletiva. As redes sociais digitais podem ser integradas aos cibermeios para gerar, ao vivo, perguntas dos ciberusuários.

O jornal norte-americano *The New York Times* produziu uma retrospectiva interativa de 2016 por meio de imagens. O projeto "The Year in Pictures 2016" (O ano em imagens 2016) (The Year..., 2018) é um bom exemplo na imprensa mundial que demonstra o uso de cibermeios para gerar conteúdos de fácil assimilação e gerenciamento.

Navegue

THE YEAR in Pictures 2016. **The New York Times**. Disponível em: <https://www.nytimes.com/interactive/2016/12/22/sunday-review/2016-year-in-pictures.html?_r=0>. Acesso em: 23 jul. 2018.

Podemos ainda usar a interatividade ligada ao Google Maps (2017), recurso disponível para visualizar pontos específicos. Ele permite marcações e a inclusão de textos e imagens e pode ser compartilhado em cibermeios. O *The New York Times* fez isso com o projeto "New York City Walks" (Caminhando por Nova Iorque) (Walking..., 2017). Integrou textos, mapas e imagens estáticas e em movimento, usando o compartilhamento via redes sociais digitais.

Navegue
WALKING New York. **The New York Times Magazine**.
Disponível em: <https://www.nytimes.com/interactive/2015/04/22/magazine/new-york-city-walks.html>. Acesso em: 23 jul. 2018.

Hoje, com a interatividade, os usuários podem consumir diversos programas jornalísticos e de entretenimento sem sair de casa, desde o *reality show* do momento, filmes, séries, esportes e telejornais até suas músicas prediletas. É a interação nas pontas dos dedos via dispositivos móveis e outras plataformas digitais capazes de gerar uma proximidade com o público. O Chromecast, do gigante da infotelecomunicação, o Google, propicia ao usuário, por meio de um dispositivo similar a um *pen drive* conectado na entrada HDMI do televisor, assistir ao que está passando na tela do celular ou computador simultaneamente.

Navegue

CHROMECAST. Disponível em: <https://store.google.com/product/chromecast_2015?hl=pt>. Acesso em: 24 jul. 2018.

GOOGLE MAPS. Disponível em: <https://www.google.com.br/maps>. Acesso em: 24 jul. 2018.

Assinantes de TV a cabo, por exemplo, podem, com um simples comando, adquirir pacotes ou programas *à la carte*. Os vídeos estão em computadores, *smartphones* e *tablets* imediatamente. Porém, empreendimentos na internet de *streaming* de vídeos, como a Netflix e o YouTube, mudaram a forma de consumir programas de TV, a um custo baixo mensal ou gratuito, respectivamente, por meio de aplicativos e outros cibermeios.

A Netflix investe em produções próprias e contabiliza assinaturas crescentes a cada mês. Em junho de 2017, o número de assinantes do serviço de *streaming* ultrapassou o de assinantes de TV a cabo nos Estados Unidos. A empresa atua em mais de 190 países. Outro gigante é o Spotify, serviço de áudio *streaming* campeão de assinantes com suas *playlists* variadas e repertório musical possível de ser ouvido via aplicativos baixados em dispositivos móveis.

Hoje, Netflix e YouTube movimentam grande concentração de tráfego na rede e concorrem com as mais poderosas emissoras de TV. Amazon e HBO também observam com bons olhos o mercado de vídeo por *streaming*. Esse é o fenômeno da pós-TV na ponta dos dedos; a pessoa assiste ao que deseja, a qualquer hora. A internet é o meio de entretenimento preferido da maioria dos brasileiros, que, pelas conexões 3G ou 4G de seus celulares, conseguem acessar conteúdos variados.

A Netflix deve investir nos próximos anos na produção jornalística para concorrer com o Vice, por exemplo. Deve permitir a interação simultânea com os telejornais e outros programas jornalísticos. O Snapchat, o WhatsApp e o Instagram Stories, por exemplo, são outros aplicativos que começam a receber a atenção para produção de conteúdo em larga escala para contar histórias. O Instagram Stories produz vídeos e fotos que desaparecem rapidamente. O recurso "Modo história" está disponível para usuários dos sistemas operacionais iOS e Android. Ele será o substituto natural do Snapchat, apesar de serem parecidos em recursos. O jornalismo passa a observar com atenção os três aplicativos para a produção de notícias.

Navegue

VICE. Disponível em: <https://www.vice.com/pt_br>. Acesso em: 7 ago. 2018.

2.7
Investimentos baixos

As redações mundiais, com a crise do papel, observam em seus meios digitais uma grande demanda por parte dos usuários. A veiculação se dá em tempo real, exigindo a participação de equipes integradas para levar ao consumidor de informação os principais acontecimentos e os assuntos mais lidos ou importantes para a vida cidadã e para o fortalecimento da esfera pública considerando-se o bem-estar social. Esses são os objetivos de quem trabalha com produção jornalística.

O entretenimento precisa ser utilizado em doses homeopáticas para que o veículo não perca seu papel informativo, tentando conquistar a audiência com boatos/rumores. Os valores relativos à produção, à manutenção e à atualização de um espaço gerido na internet são relativamente baixos. O investimento substancial com *hardwares* e *softwares* deve ser contínuo, mas prezando por uma política que ofereça condições de trabalho aos profissionais envolvidos no envio de informações de qualidade aos consumidores.

Atualmente, é possível investir no consumo de informação a baixo custo via aplicativos e pela contratação de serviços de áudio e vídeo em *streaming*, que modificam a forma de contato com os conteúdos de entretenimento. Hoje, uma transmissão via redes sociais digitais pode baratear os custos, atraindo novos investimentos em patrocínio e captação de novas audiências.

2.8
Armazenamento e rastreamento de informações

A capacidade de armazenamento e recuperação de informações produzidas em grandes bancos de dados possibilita o uso de complexos sistemas de rastreamento de conteúdos avançados. Os sistemas de busca recuperam materiais que podem ser complexos, oferecendo ao usuário parâmetros que podem ser direcionados a campos do Google ou a outros utilizadores de busca (Palacios; Ribas, 2011). Eles são capazes de identificar os hiperdocumentos publicados nas redes informáticas de maneira rápida, assim como elementos em formatos textuais, vídeo, áudio, infografia, fotografia, entre outros. Esses materiais podem estar disponíveis integral ou parcialmente.

O rastreamento das informações é intermediado por dispositivos computacionais. Os *search engines* – arquivos *on-line* providos com motores de busca que cruzam datas (indexação ou index) e palavras-chave – produzem uma memória cumulativa, instantânea e múltipla (Palacios, 2002). Alguns *sites* utilizam os seguintes elementos no registro de memória: a possibilidade de rastreamento de elementos multimídia subdivididos por critérios de hierarquização de notícia ou localizados individualmente por data, hora e local; seções e subníveis das páginas; assuntos de relevância ou notícias mais lidas, em destaque no *site*, podendo um assunto acessado ter uma série de *links* para outros conteúdos do arquivo; ou nuvem de *tags* (palavras mais acessadas).

No dia a dia do jornalismo, frequentemente nos deparamos com outra necessidade: o armazenamento de arquivos que brotam nas telas dos computadores e dispositivos móveis. Para solucionar esse problema, algumas ferramentas disponíveis na rede prometem facilitar o armazenamento dos documentos hipermidiáticos. É possível guardar vídeos, artigos, áudios, imagens ou conteúdos via aplicativos como o Twitter e o Flipboard pelo Pocket. A conta nessa plataforma pode ser criada gratuitamente.

Navegue

POCKET. Disponível em: <https://getpocket.com>. Acesso em: 24 jul. 2018.

2.9
Customização do conteúdo

Ao personalizar, alteramos a lógica de apresentação dos conteúdos segundo nossos próprios gostos e desejos específicos. Podemos fazer opções em aspectos que envolvem o aumento do tamanho de uma fonte de letra numa página e a personalização de outros dados informativos presentes num portal ou *site*. Personalizar é especializar e direcionar os conteúdos para consumidores. A interatividade ajuda a estruturar a informação conforme as preferências de cada usuário, que assume o papel de organizar os discursos e de selecionar e ordenar a informação do texto (Salavarría; Cores, 2005). A personalização é também chamada de *individualização* ou *customização*.

No caso de novas mídias, em virtude da tactibilidade – o chamado *touch screen* (toque na tela) –, os ciberusuários de dispositivos móveis, a exemplo de *smartphones* e *tablets*, estão imersos no ciberespaço personalizado. Os aparelhos telefônicos contemporâneos reúnem todos os meios de comunicação possíveis de serem conectados. São notáveis os avanços em padrões de personalização de conteúdos e no direcionamento de elementos para o rastreamento de seus interesses nesses tipos de plataforma de cibermeios.

A arquitetura de informação dos *sites* dinâmicos tem base de dados e tabelas que facilitam o acesso à informação pela incorporação rápida de conteúdos e pelo arquivamento em sua base estrutural (Salaverría; Cores, 2005). O sistema de rastreamento avançado e os diretórios de arquivos ordenados propiciam a conectividade com informações atualizadas ou antigas. Esses dados podem ser filtrados por nomes específicos. Confira no Quadro 2.2 algumas regras básicas de personalização.

Quadro 2.2 – Regras básicas de personalização

Regra	Descrição
Aprenda com cada movimento	Não descarte as informações. Elas servem para aprendizado. Um usuário descontente o faz mudar seu *site*. Identifique as experiências de cada usuário no *site*, portal ou *blog*: a) a área mais explorada; b) a primeira página visitada; c) o tempo em cada página; d) a página em que ele ficou mais tempo; e) a frequência de visitação; e f) a continuidade da navegabilidade.

(continua)

(Quadro 2.2 - continuação)

Regra	Descrição
Não coloque resistência à personalização	O preenchimento de registros e a realização de pesquisas são ações forçosas no rastreamento das preferências dos usuários. Essas táticas só devem ser usadas depois de conhecer seus usuários. Alguns *sites* optam por apresentar formulário de pesquisa, a ser preenchido pelo ciberusuário. Seja insistente e minucioso nas perguntas.
Não negligencie qualquer fonte de informação	Armazenamento de dados, compras, exploração de dados armazenados e caminho percorrido pelo usuário no clique ou toque na tela.
Permita que o usuário mostre seus erros	Ciberusuários mudam suas preferências. Eles devem ter a opção de cancelar ou alterar seus desejos, bem como de apresentar dificuldades de uso.
Obtenha toda a informação possível sem aborrecimentos	O clique, o rolamento e a busca dizem muito sobre a personalização. O clique revela as preferências e a navegabilidade com mais exatidão.
Enfatize a privacidade	O receio do ciberusuário é que você o conheça profundamente ou passe as informações coletadas para outras organizações. Mostre a ele que os dados estão seguros, podem ser apagados e não serão comercializados. Garanta sistemas de proteção de dados contra a ação de *hackers*.
Atente à personalização na venda ao usuário	Os atrativos do *site* estão guardados na mente do usuário. Este, ciente de que você busca conhecer suas preferências, vai ajudar, agregando valor ao serviço.

(Quadro 2.2 - conclusão)

Regra	Descrição
Observe o que os usuários (des)aprovam	Uma opção ignorada pode dar lugar a recursos atraentes em sua página. Falta de sintonia deve ser remediada com aproveitamento de oportunidades.
Facilite a vida do usuário para que ele demonstre os (des)gostos	Facilite a vida dos usuários predispostos a participar. Alguns não gostam de responder a questionários. Ferramentas para relacionamento com os clientes devem ser criadas. A sugestão é para que os cibermeios realizem reuniões periódicas com seus grupos de leitores, nas quais podem ser feitas experiências guiadas pelos usuários.
Não deixe o usuário esperando a resposta personalizada	Se o ciberusuário respondeu, entregue a ele o que deseja. Comente e justifique as avaliações realizadas de seus pedidos.

Fonte: Elaborado com base em Ferrari, 2004.

A estrutura de informação privilegia o contato rápido, ordenado por atualizações recentes ou passadas. Gerir informações e entregá-las de acordo com as preferências e os hábitos de cada usuário é um passo adiante da interatividade. Isso é reflexo da webssemântica interferindo nas relações com os consumidores de hiperdocumentos.

2.10
Usabilidade

Nos dias atuais, os conteúdos, em suma, estão à disposição do usuário-receptor-internauta em fluxo contínuo. Cabe a ele a tomada de decisão para acesso aos materiais produzidos por redações de veículos de comunicação tradicionais ou independentes da grande mídia. Nesse sentido, o consumidor de informação acessa as informações no horário, no dia da semana ou na data em que desejar.

Ao mesmo tempo, quando o tema é acessibilidade, faz-se referência também a um termo que ganha atenção dos ciberprofissionais de comunicação: *usabilidade*. Esse conceito define a facilidade dos ciberusuários para usar as interfaces das páginas da internet, bem como sua estrutura textual e seus métodos para melhorar o uso de um cibermeio pelos consumidores de informação. Assim, a usabilidade define se o usuário continuará navegando ou não no *site* que acessou.

Logo, a dificuldade de localização das informações é um indicativo de que a arquitetura de informação, isto é, o desenho da interface, não está adequada ao consumidor do veículo. Conforme Tejedor Calvo (2010), a clareza, a simplicidade e a funcionalidade garantem uma boa acessibilidade/usabilidade das informações dispostas na rede. O autor cita, ainda, cinco componentes de qualidade para definição de usabilidade, conforme apresentamos no Quadro 2.3.

Quadro 2.3 – Cinco componentes de qualidade para definição de usabilidade

Aprendizagem intuitiva	Ser capaz de realizar funções básicas numa página, desde a navegação na *homepage* até subníveis do *site*.
Eficiência	A partir da familiarização, a eficiência mede a rapidez dos usuários para realizar tarefas no *site*.
Erros	Contabilizar e verificar a gravidade de erros e se os ciberusuários conseguem sair facilmente de inconformidades.
Memorização	Verificar a facilidade que um usuário tem para retornar a um *site*, depois de um período afastado, e manter suas habilidades de acesso.
Satisfação	Verificar o nível de confiabilidade de um *site* demanda averiguar se o desenho dele atrai a atenção do ciberusuário. A medição do tempo de permanência e o acesso aos subníveis de páginas são indicativos fundamentais para a garantia da satisfação do ciberusuário.

Fonte: Elaborado com base em Tejedor Calvo, 2010.

A seguir, na segunda parte deste livro, descreveremos algumas técnicas de planejamento, produção e redação para a *web*.

Síntese

Elementos, características e conceitos aplicados à comunicação digital

- 1) **Instantaneidade** (ubiquidade)
- 2) **Fisiologia** (fadiga visual)
- 3) **Hipertexto** (link não linear)
- 4) **Hipermídia** (multimidialidade)
- 5) **Transmídia** (diferença)
- 6) **Interatividade** (imersão)
- 7) **Investimentos** (baixos na *web*)
- 8) **Memória** (arquivo)
- 9) **Personalização** (usuário – foco)
- 10) **Usabilidade** (acessibilidade)

Questões para revisão

1. Conceitue *instantaneidade* e *fisiologia*.

2. Por que a hipertextualidade, a hipermidialidade e a interatividade são consideradas o tripé fundamental da rede?

3. Sobre os elementos que caracterizam a comunicação digital, assinale a alternativa **incorreta**:
   a) Hipermídia é resultado da combinação de sistemas de hiperlinks (hipertextos lincáveis).

b) A linearidade é marca presente nas relações hipertextuais na rede.

c) A multimidialidade apresenta-se nas formas de multimídia por justaposição, integração e subordinação.

d) A interação comunicacional é apoiada pelo desenvolvimento computacional inteligível aperfeiçoado continuamente.

4. O elemento de memória, uma das características da comunicação digital, **não** possibilita:

a) rastrear elementos multimídia.

b) localizar por data, hora e local.

c) encontrar nuvens de *tags* do tipo cúmulo-nimbo.

d) localizar seções e subníveis de páginas.

5. Sobre ubiquidade e personalização, assinale V para as afirmativas verdadeiras e F para as falsas.

( ) A personalização pode ser chamada de *individualização* ou *customização*.

( ) A usabilidade trabalha com cinco aspectos: aprendizagem intuitiva, eficiência, erros, memorização e satisfação.

( ) Os erros apontados por usuários de *sites* devem ser relevados.

( ) A acessibilidade é característica presente apenas em cibermeios tradicionais.

( ) Na personalização, é preciso aprender com cada movimento dos usuários, enfatizar a privacidade e observar o que eles desaprovam.

A seguir, marque a alternativa correta:

a) F, V, V, F, F.
b) V, F, F, V, F.
c) F, F, V, V, F.
d) V, V, F, F, V.

AJVRLCSNIVL
JALNMSIGRG

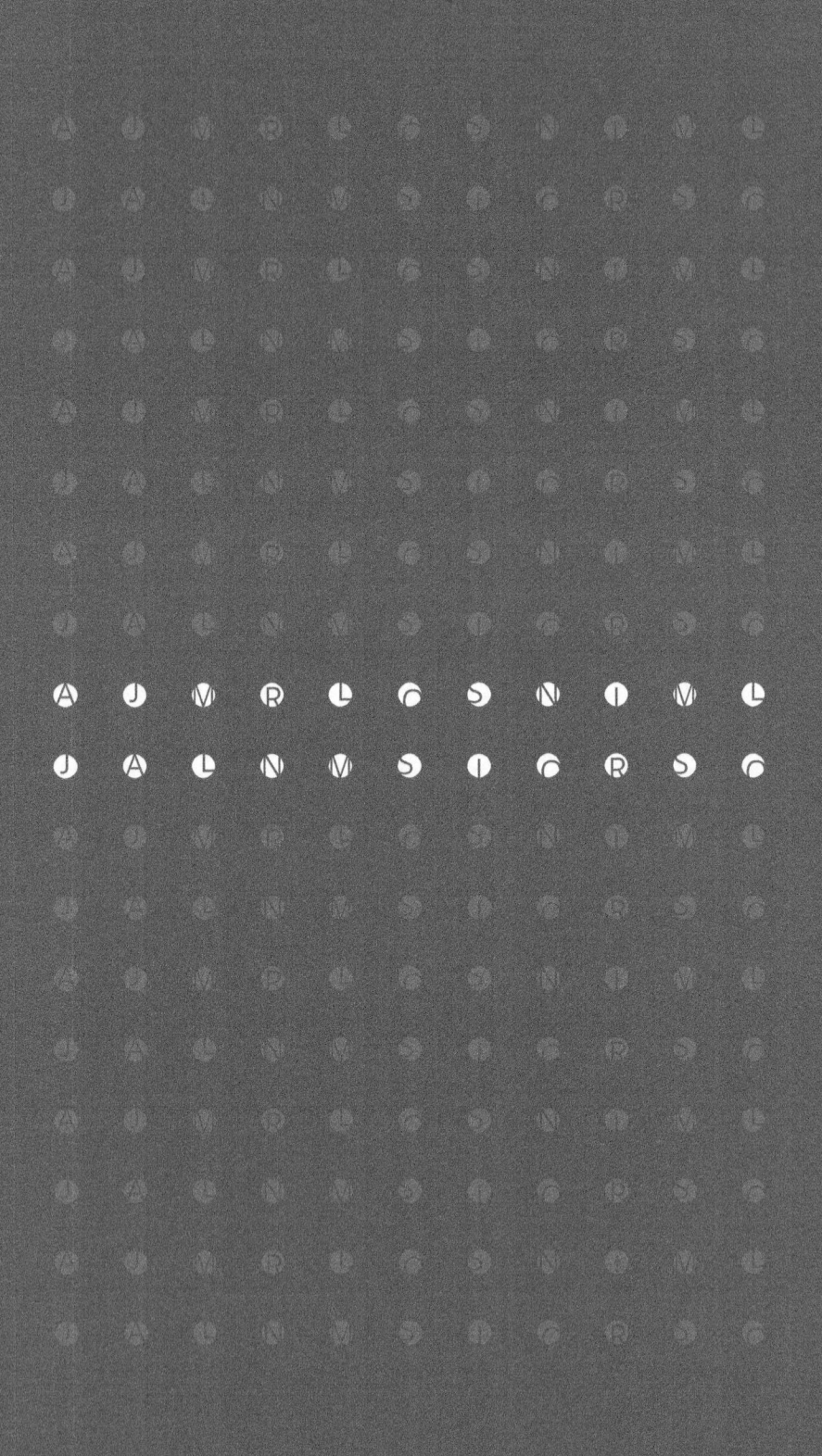

Parte 02

Pensando a produção para a *web*: passo a passo da redação ciberjornalística

Capítulo
03

Planejamento para os cibermeios

Conteúdos do capítulo:

- Mudanças nos modos habituais de apresentação da informação.
- Reflexão sobre estratégias usadas para a garantia de conteúdos jornalísticos apurados e checados.
- Possibilidade de a *web* contrastar com hábitos anteriores de meios tradicionais no planejamento de conteúdos.

Após o estudo deste capítulo, você será capaz de:

- planejar um conteúdo noticioso para a *web*;
- compreender as etapas da pesquisa ciberjornalística;
- verificar como fazer a checagem de informações.

O principal dilema que os profissionais de jornalismo enfrentam é o do fetiche de arrebatar a audiência e de manchetar a notícia antes de seus concorrentes. No estágio atual do jornalismo digital, escrever uma notícia sem contexto, apuração e rigor na checagem da informação resulta em perda de credibilidade e descompromisso com o consumidor. Por isso, identificar o que é notícia, coletar dados e selecionar os conteúdos que merecem ser noticiados são processos básicos de planejamento de uma informação a ser redigida. "De tal maneira a responsabilidade do profissional da informação está diretamente relacionada com duas questões: 1) a atualidade e a utilidade do que comunica, e 2) a verificação completa dos dados" (Edo, 2007, p. 11, tradução nossa).

O planejamento de um conteúdo para a redação na *web* exige previsão de corpo de texto e conhecimento sobre estruturação, elementos e características de um conteúdo jornalístico para *web* e sobre composição das telas das notícias e dos publicadores de conteúdos usados pelos cibermeios. Ressaltamos que cada veículo utiliza seu *publisher*, ou seja, um publicador. Porém, não detalharemos as características de cada um deles, por serem muito distintas.

Planejar as histórias requer a elaboração de um guião, ou seja, um *storyboard*, essencial para uma escrita *on-line* não linear (Bastos, 2006). No planejamento de um conteúdo para o meio digital, é preciso levar em consideração aspectos que envolvem a estrutura de divulgação do conteúdo jornalístico e as estruturas internas do conteúdo informativo:

Figura 3.1 – Organograma de estrutura básica de publicação e produção de conteúdos

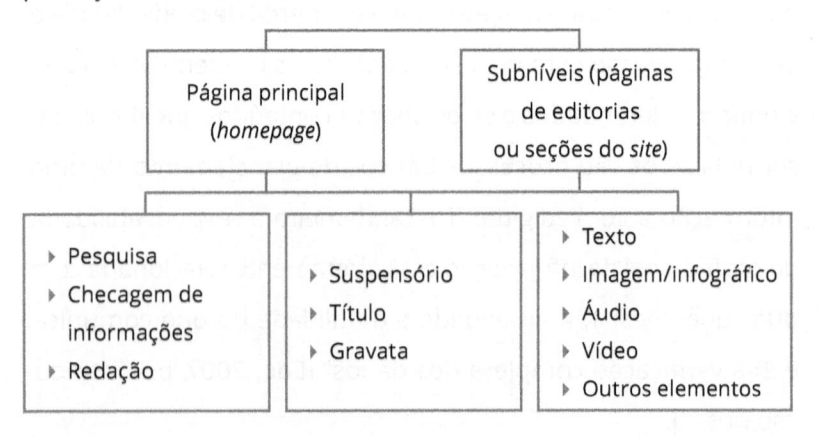

Página principal (*homepage*)	Subníveis (páginas de editorias ou seções do *site*)

▸ Pesquisa ▸ Checagem de informações ▸ Redação	▸ Suspensório ▸ Título ▸ Gravata	▸ Texto ▸ Imagem/infográfico ▸ Áudio ▸ Vídeo ▸ Outros elementos

Perguntas & respostas

O que é um *storyboard* no ciberjornalismo?

É uma combinação de elementos visuais e gráficos usados em produções fílmicas, isto é, na indústria cinematográfica, para roteirização. No campo jornalístico, pode ser definido como um boneco composto de desenhos (conjunto de elementos expostos por diagramação para guiar a narrativa ciberjornalística) que conectam tematizações, acontecimentos ou fatos primários e secundários para orientar e organizar os conteúdos informativos planejados.

Na Figura 3.1, destacamos a presença de uma *homepage* e de páginas de editorias ou seções de um *site*, portal ou *blog*. Os elementos que estão na base da figura devem ser pensados na construção dos conteúdos jornalísticos informativos e ajustados de acordo com o posicionamento estratégico nos dois quadros superiores. Isso quer dizer que podemos inserir uma imagem ou infografia na página ou seção interna, quando editar a capa, mas, na *homepage*, é melhor optar pela inserção de um vídeo acionado pelo *player*, ao mesmo tempo que podemos escolher títulos, suspensórios e gravatas. Nesse sentido, a pesquisa, a checagem de informações e a redação são importantes instrumentos para o uso de recursos e narrativas diferenciados.

3.1
Apuração em cibermeios

Numa redação jornalística, os profissionais precisam ajustar os formatos de produção de notícias de acordo com a estrutura da organização. Em geral, ao jornalista cabe redigir informações importantes para a vida cidadã e a formação social das pessoas. As informações para a sociedade devem ser objetivas e possibilitar a formulação de soluções para os problemas apontados. A seleção de temas deve valorizar o público com seu modo de apresentação dos dados pesquisados.

A pesquisa é etapa fundamental para a preparação de um bom conteúdo ciberjornalístico. Para isso, elencamos algumas tarefas para o desenvolvimento do conteúdo jornalístico (Pinho, 2003): levantar informação impressa relevante produzida por especialistas em conteúdo; coletar outros dados por meio de entrevistas com especialistas em conteúdo e demais fontes; e navegar em *sites* similares para estimular novas ideias sobre arquitetura da informação, navegação, *design*, estilo de redação e outras.

O uso de arquivos públicos, bibliotecas e acervos de jornais deve ser permanente. Essa é uma forma de acesso aos conteúdos para gerar informações interessantes aos ciberusuários. Mesmo quem produz para a *web* precisa acessar dados físicos, pois estes são capazes de revelar histórias, descrever personagens e possibilitar relações com fatos desconhecidos do grande público ou mesmo novas descobertas.

O jornalista da internet tem a necessidade de contar histórias. Explicamos anteriormente o que é *storyboard*, mas agora surge a necessidade de explicitar o que é o *storytelling*, prática muito corriqueira no jornalismo que significa nada menos que contar histórias, como o nome em inglês indica. Mergulhar numa história é sentir-se fisgado por cada parágrafo, envolvido pelo desenlace de cada quadro da ação reportada. É sentir vontade de ir além daqueles fatos expostos e escancarados. É invadir a intimidade do entrevistado. Uma reportagem gravada em vídeo, via Snapchat, chamou a atenção em 2016. Yusuf Omar, editor *mobile* do *Hindustan Times*, fez uma gravação de uma série de relatos de mulheres que sobreviveram a estupros na Índia. Ele narrou histórias envolventes empregando o chamado *jornalismo selfie*, conforme destacou no diário britânico *The Guardian* (Omar, 2016).

O *storytelling* hoje conta com traços de jornalismo literário, porém é preciso cuidado para não confundir todas as tramas envolventes com essa área de especialização do novo jornalismo. Pensar uma história envolve perceber o clímax, entender o ambiente em que está envolvido o personagem, os problemas e suas soluções. O envolvimento com o personagem é fundamental. Um bom exemplo que ilustra a capacidade de contar histórias é a reportagem "Sobrevivi a um estupro coletivo no dia do meu casamento", publicada em 30 de junho de 2017 pela *BBC Brasil* (Sobrevivi...;, 2017). Uma narrativa fluida, instigante, inspiradora e envolvente sobre uma queniana marcada por tragédias, as quais são relatadas em primeira pessoa sequencialmente. Para narrar uma história, é fundamental a pesquisa sobre o personagem. Algumas dicas de pesquisa são fundamentais para a produção jornalística no meio digital:

- Buscar informações primárias capazes de contar mais da história do personagem narrado, as quais permitirão a construção de um roteiro de perguntas. Descrever os traços psicológicos e físicos.
- Localizar familiares, amigos e conhecidos do personagem é importante para o levantamento de informações primárias do entrevistado. Ajuda, inclusive, a contextualizar o cenário e a ambientação dos quadros de ação.
- Deixar o personagem à vontade para transmitir seus anseios, suas preocupações e seus desejos diante da mídia usada para entrevistar.
- Ouvir atentamente a fala do entrevistado e observar cada movimento e gesto dele, para indagá-lo sobre fatos desconfortáveis.
- Promover um diálogo aberto e franco, num formato de bate--papo, para ganhar a confiança. Esse é o estilo usado por grandes transmissões *on-line* ao vivo.

- Usar recursos multimídia para narrar essas histórias. Não são apenas as palavras que têm a capacidade de conectar o público consumidor à mensagem transmitida. Uma galeria de imagens bem pesquisada pode narrar uma história. O mesmo conteúdo também pode ser produzido com um vídeo ou áudio documental curto.

Além de contar boas histórias, o jornalista precisa estabelecer uma agenda de contatos com distintas áreas de especialização. Por exemplo, o profissional responsável pela produção jornalística precisa contar com especialistas em direito constitucional, penal, desportivo etc. Os calendários de eventos são outro bom ponto de partida para a produção de especiais ou conteúdos jornalísticos. Com eles, é possível pensar uma série de fatos históricos e comparar dados com a atualidade. No meio *on-line*, esse artifício recebe grande atenção, podendo inclusive, pode render histórias de personagens.

3.2
Checagem de fontes de informação

Os profissionais ciberjornalistas responsáveis por levar informação com qualidade precisam tomar alguns cuidados. Assim, a adoção de critérios de validação de fontes, dados obtidos e comparação é fundamental no processo de construção de conteúdos jornalísticos para a *web*. É necessário assegurar com rigor a veracidade das informações levantadas. Não se deve ter receio de recorrer a dicionários, manuais estilísticos, textos da área de redação e fontes de informação especializada. Conforme aponta Tejedor Calvo (2010, p. 21, tradução nossa), é normal o ciberusuário "averiguar por sua conta a informação, mas encontrar grandes dificuldades em saber reconhecer a validade das fontes". Dessa forma, o ciberjornalista deve levar com precisão a informação ao público consumidor.

Usar referências de fontes é credenciar a informação recebida. Ao escrever uma notícia, o jornalista deve exigir que seus créditos apareçam. No caso de um estagiário, a sugestão é mencionar, pelo menos no pé do texto, que o material foi produzido por ele sob a supervisão de um profissional ciberjornalista da redação. Essa é a melhor forma de credibilizar um conteúdo produzido e que demandou tempo de apuração jornalística. Para tanto, ao profissional da comunicação digital cabe analisar as fontes de informação confiáveis. Levando isso em consideração, no Quadro 3.1, elencamos algumas dicas para redigir informações para a web.

Quadro 3.1 – Regras para a verificação de fontes de informação *on-line* e *off-line*

Informações de profissionais especializados	• Utilizar seu banco de fontes para buscar informações prévias a respeito de dados obtidos antes da produção da reportagem. • Ser prudente ao usar fontes especializadas que permitam ao jornalista contrastar opiniões obtidas de outras fontes especializadas *off-line* ou *on-line*. • Investigar mais sobre a fonte de informação, sua credibilidade e o uso de suas entrevistas por outros cibermeios.
Informações de ciberusuários	• O ciberusuário é fonte de informação para os assuntos no dia a dia, enviando fotografias, vídeos e áudios, assim como transmissor de informações exclusivas por telefone, *e-mail* ou mídias sociais. Entretanto, todas as fontes devem ser checadas, para não dar margem a falsas notícias, rumores e boatos. • O ciberjornalista deve ser capaz de rastrear potenciais fontes por meio de canais digitais em que os ciberusuários atuam.
Informações de organizações	• Usar, sempre que possível, informações oficiais de instituições, organismos e empresas que são responsáveis pelas informações divulgadas em suas páginas na internet (Tejedor Calvo, 2010). • Investigar as diferentes fontes de informação organizacionais, mantendo um banco de canais confiáveis de acesso rápido a dados sobre os assuntos de cobertura ciberjornalística.

(continua)

(Quadro 3.1 – conclusão)

Informações em *sites*	• Comparar com outros canais na *web* a informação levantada (Tejedor Calvo, 2010). • Informações sem garantia de autenticidade devem servir apenas de base para a investigação jornalística, devendo ser encontradas outras fontes que permitam garantir a veracidade da informação (Tejedor Calvo, 2010). • Utilizar informações de blogueiros renomados, com perfil conhecido e visível, nos cibermeios (Tejedor Calvo, 2010). • Investigar mais sobre a fonte de informação, sua credibilidade e o uso de dados por outros cibermeios. • Observar a atualização dos dados obtidos antes da divulgação, verificando se existem ou não dados atualizados.

As fontes de informação *on-line* usadas no conteúdo informativo, a exemplo de *blogs*, *sites*, portais, redes sociais digitais ou outros canais disponíveis, precisam ser sempre referenciadas ao ciberusuário. É preciso indicar o cibermeio e criar um *hiperlink* para uma página externa ao do conteúdo exibido. A dica é não permitir que o conteúdo seja aberto em outra aba de navegação, pois, do contrário, o leitor será direcionado do *site* em que está para outro, correndo o risco de não retornar ao conteúdo e de não continuar sua navegação.

Relato pessoal

Durante anos de análise de *sites* de notícias, observei, inclusive concorrentes, como *Estadão* e *Folha de S.Paulo*, referenciando-se em relação a notícias postadas. Alguns veículos de comunicação optam ainda por citar a fonte que levantou inicialmente uma informação e dizer que seu cibermeio a confirmou – uma estratégia de *marketing* para legitimar que o veículo trabalhou na coleta de informações, destacando, por outro lado, o furo de reportagem do veículo coirmão.

Segundo Tejedor Calvo (2010), podemos ainda incluir numa notícia *links* ao assunto para ampliar a informação. Sugerimos também que, no caso de redes sociais digitais, *prints* de *tweets* sejam articulados ao texto da reportagem para ilustrar o assunto, tornando claro para o receptor o conteúdo ciberjornalístico.

Esse tipo de conteúdo vinculado com o *tweet* é incorporado a partir de *publishers* que integram o conteúdo do Twitter aos cibermeios (Twitter, 2017). Afinal, assim como fazemos nesta obra, é preciso referenciar as diversas fontes de informações no meio redacional ciberjornalístico.

3.3
Redação ciberjornalística

Escrever textos jornalísticos para a internet exige uma revisão dinâmica dos modos habituais de apresentar a informação, da estrutura textual, do estilo e das características dos leitores, os quais se convertem em atores que interatuam com os meios e jornalistas em virtude da interatividade (Edo, 2007). O jornalismo *on-line* difere daquele de outros multimeios por pouco permitir a captura de informações *off-line*, isto é, no contato face a face com fontes de informação, mediante instrumentos adotados pelo próprio jornalista na seleção e na valoração desse conteúdo para levá-lo ao consumidor da mensagem produzida. As dimensões externas dos cibertextos envolvem pensar o emissor e o receptor da informação, as circunstâncias comunicacionais (privilegiar a produção até a leitura) e as funções cumpridas pelos cibergêneros e por suas variações (Díaz Noci, 2004).

> A relação autor-leitor se divide em dois tempos – antes da web e depois da web. Antes da web, o autor era dono e senhor do texto. Definia a introdução, as trilhas do desenvolvimento, a hora da conclusão. O leitor recebia o prato pronto. Ou o consumia. Ou o deixava de lado. Nada mais podia fazer contra a ditadura da linearidade imposta pela página escrita. Depois da

web, a história mudou de enredo. Com o hipertexto, a ordem perdeu o rumo. O caminhar em linha reta deu a vez ao navegar. Imprevisibilidade é a tônica. Trechos do texto se intercalam com referências a outras páginas. Um clicar muda a sequência, o código, o enfoque. O leitor assume o protagonismo. Escolhe o que quer ler, quando ler, por onde começar, onde interromper, em que hora parar. (Squarisi, 2011, p. 49)

O jornalismo de redação digital, antes ou depois das integrações entre redações, está condicionado à edição de portais, à apuração por telefone ou WhatsApp e à produção e publicação aceleradas de conteúdos. Nas redações jornalísticas, alguns profissionais chegam a produzir entre seis e oito reportagens num mesmo dia de trabalho. Em poucos casos o jornalista é enviado às ruas para captar informações. Por sua vez, defendemos que o lugar do jornalista *on-line* é na rua, apurando e buscando soluções para os problemas sociais, algo essencial para o adequado exercício profissional e para sua contribuição com base sociocultural e humanística, não apenas tecnicista.

No processo prévio à construção do conteúdo jornalístico, o jornalista tem de levar em consideração os principais mecanismos que regem a organização das informações jornalísticas, como exemplificam Pinho (2003) e Squarisi e Salvador (2005):

- resumir a história e imaginar estar contando-a a algum conhecido;
- organizar e sintetizar a informação em grupos lógicos de encadeamento, estruturando-a de maneira adequada aos níveis do *site*;
- observar as necessidades de audiência na construção do conteúdo;
- imaginar os caminhos a serem percorridos pelo leitor quando este navega no *site*, propiciando a coerência do conteúdo produzido;
- escrever primeiramente o lide;
- cortar informações e dividi-las por zonas temáticas.

O respeito à norma-padrão deve ser constante para construir textos inteligíveis, coesos, coerentes e claros. Algumas dicas são importantes diante da convergência de mídias para quem pretende produzir um conteúdo adequado e com qualidade ao leitor. Além de pensar o texto, os títulos e a foto da *homepage*, devemos ter atenção aos seguintes detalhes:

1. o texto principal, que reflete a notícia ou o acontecimento que serve de base à reportagem e à qual se acessa, geralmente através do título convertido em encadeamento,
2. os antecedentes textuais, gráficos ou sonoros,
3. o contexto atual,

4. as reações e opiniões de diferentes especialistas e dos leitores,
5. análises, valoração, proposta de futuro,
6. sempre que a notícia ou o assunto de que se trate os permita, galeria de fotos e/ou um gráfico ou gráficos sucessivos,
7. vídeo com som do ambiente, se a informação o admite,
8. encadeamentos externos relacionados com o tema e,
9. fóruns, opiniões dos leitores. (Edo, 2007, p. 18, tradução nossa)

Conforme Pinho (2003) e Tejedor Calvo (2010), na redação do conteúdo jornalístico, devemos:

- redigir os textos de modo que atendam aos interesses dos leitores e consigam responder a questionamentos que eles possam fazer;
- construir as ideias de maneira que seja possível a fácil assimilação da linguagem empregada;
- escrever textos breves, claros, concisos, impactantes e fortes (a dica é usar metade do texto do impresso);
- escrever com clareza (o usuário deve encontrar rapidamente a informação) e precisão (sem superficialidade);
- criar títulos e resumos curtos e explicativos.

Pinho (2003) acrescenta que a edição deve:

- usar, adequar ou criar um manual de estilo e de redação para a *web*;
- reordenar o texto e editar parágrafos e/ou sentenças para dar clareza, coerência e melhoria no fluxo do texto;
- corrigir ambiguidades e inconsistências em nomes, grafias de palavras, estilos de fontes, cores, tamanhos e outros elementos textuais;
- revisar gramática, ortografia e pontuação textual.

∴ Pirâmide invertida vertical no ciberjornalismo

A construção de um texto jornalístico *on-line* deve seguir o modelo básico da pirâmide invertida, usada pela primeira vez em 1861, no jornal norte-americano *The New York Times*, ou seja, o conteúdo deve ser disposto na seguinte ordem: informação mais importante antes (fato principal), seguida das informações secundárias (dados, entrevistas, fatos secundários relacionados ao principal). Essa é a forma básica de utilização do método para dar objetividade aos fatos jornalísticos que merecem ser contados ao leitor. Em síntese, as informações devem ser dispostas em ordem decrescente, da mais para a menos importante, conforme a Figura 3.2.

Figura 3.2 – Estrutura de construção do conteúdo pela pirâmide invertida vertical

ORDEM DE IMPORTÂNCIA
DOS FATOS RELATADOS

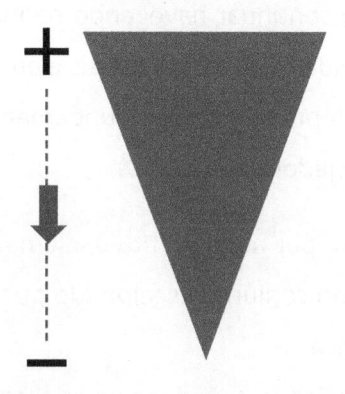

O texto jornalístico deve conter um lide, segundo modelo proposto por Laswell, com sua estrutura composta de seis perguntas fundamentais, que devem ser respondidas no topo da pirâmide invertida: O quê? (ação/acontecimento); Quem? (agente/sujeito da ação); Quando? (tempo); Onde? (lugar); Como? (modo); Por quê? (motivo). O lide pode ser definido como o relato do fato principal de uma série, o primeiro parágrafo da notícia no jornalismo impresso ou digital, a cabeça do repórter ou o texto introdutório do apresentador no audiovisual ou, ainda, a abertura do propositivo no áudio (Lage, 2004).

"Como primeiro elemento de uma pirâmide invertida e como parte integrante do título da notícia, o lide é um dos elementos mais importantes dos conteúdos ciberjornalísticos" (Tejedor

Calvo, 2010, p. 50, tradução nossa). Ele possibilita que o usuário tenha interesse pela notícia, a partir do conjunto antetítulo, título, gravata (frase ou oração abaixo do título) e lide, que é importante para o ciberusuário continuar navegando na informação jornalística e localizar rapidamente os principais elementos da notícia. O lide jornalístico cumpre três funções fundamentais para o leitor, conforme aponta Tejedor Calvo (2010):

1. Convida à leitura por meio do título, elemento principal do lide, e, depois, do conjunto escalonado que detalha a informação jornalística.
2. Possibilita que o leitor, com base na análise rápida do parágrafo, encontre os dados mais relevantes.
3. Transmite a informação necessária para o leitor construir ligações com os parágrafos seguintes.

Confira no Quadro 3.2 alguns exemplos de notícias extraídas de *sites* e portais que demonstram o uso do lide jornalístico. Selecionamos reportagens publicadas no dia 27 de janeiro de 2017 no portal *G1* e nos *sites* de notícias *O Estado de São Paulo* e *O Globo*, que noticiam que juízes auxiliares do Supremo Tribunal Federal (STF) concluíram as audiências com delatores da empreiteira Odebrecht. Numa rápida comparação, podemos verificar que os lides são semelhantes em sua estrutura, apesar de os ciberjornalistas utilizarem recursos estilísticos de redação diferenciados.

Quadro 3.2 – Uso do lide jornalístico

Cibermeio/Título	Lide
G1 – Juízes do gabinete de Teori concluem audiências com delatores da Odebrecht	Os juízes auxiliares do Supremo Tribunal Federal (STF) concluíram nesta sexta-feira (27) as audiências com os 77 executivos e ex-executivos da empreiteira Odebrecht que fecharam acordo de delação premiada no âmbito da Operação Lava Jato. Esses juízes atuam no gabinete de Teori Zavascki. Ministro da Corte desde 2012, Teori morreu na semana passada, após queda de avião em Paraty (RJ). Ele era o relator dos processos da Lava Jato no Supremo. (Oliveira; Ramalho, 2017)
O Estado de São Paulo – Juízes auxiliares do Supremo concluem audiências com 77 delatores da Odebrecht	Com a audiência de Marcelo Odebrecht realizada nesta manhã na Justiça Federal em Curitiba, os juízes auxiliares que atuam no gabinete do ministro Teori Zavascki, morto no dia 19 em um acidente aéreo em Paraty (RJ), concluíram a tomada dos depoimentos para confirmar o teor dos acordos dos 77 executivos e ex-funcionários da empreiteira e que devem dobrar o tamanho das investigações da Lava Jato. (Coutinho; Macedo, 2017)
O Globo – Juízes auxiliares do STF terminam de ouvir delatores da Odebrecht	Os juízes que auxiliavam o ministro Teori Zavascki, do Supremo Tribunal Federal (STF), terminaram nesta sexta-feira de ouvir os executivos e ex-executivos da construtora Odebrecht que firmaram um acordo de delação premiada. Os colaboradores estavam sendo ouvidos para comprovar que decidiram fazer as delações sem serem coagidos pelo Ministério Público Federal (MPF) ou pela Polícia Federal (PF). (Carvalho; Brígido; Souza, 2017)

Você certamente vai encontrar lides distintos entre diferentes cibermeios tradicionais e independentes. Isso é resultado da linha editorial empregada pelos veículos de comunicação. Alguns cibermeios não tradicionais, como o *Nexo Jornal*, têm uma linguagem diferenciada na construção de seu lide. Como exemplo, apresentamos a reportagem "Como Doria tenta se colocar como o anti-Lula no cenário político" (Venturini, 2017), publicada em 14 de julho de 2017, que revela uma forma distinta de introduzir um lide jornalístico, com a contextualização do histórico do prefeito de São Paulo, para, apenas no terceiro parágrafo, apresentar o fato jornalístico da semana atrelado ao discurso adotado por Doria. Analise este trecho do texto:

> Da candidatura à Prefeitura de São Paulo, passando pelos primeiros sete meses no comando da maior cidade do Brasil, João Doria traz novos contornos à velha polarização entre PSDB e PT. Sempre que pode, ataca o partido adversário e seu principal líder, o ex-presidente Luiz Inácio Lula da Silva.
>
> Após uma surpreendente vitória no primeiro turno das eleições de 2016, superando o então prefeito petista Fernando Haddad, entre outros adversários, Doria mantém o clima de confronto, seja em discursos públicos, seja em seus populares vídeos publicados em redes sociais.

> Na quarta-feira (12), por exemplo, o prefeito tucano comemorou em um desses vídeos a condenação de Lula por corrupção e lavagem de dinheiro na Lava Jato, em decisão do juiz Sergio Moro. Doria chamou o ex-presidente de "mentiroso", "usurpador" e "enganador". No Twitter, escreveu: "a Justiça foi feita. O maior cara de pau do BR foi condenado".

Fonte: Venturini, 2017.

Segundo Franco (2008), podemos ter ainda outros dois níveis de pirâmide invertida. O segundo consiste em um conteúdo produzido numa única página, com interdependência nos textos, divididos tematicamente em parágrafos por meio de entretítulos. Cada subtema tem um título específico breve. Já o terceiro nível de uso da pirâmide invertida prevê a introdução do assunto, que, na sequência, é hierarquizado e organizado por *links* que remetem o ciberusuário a outras páginas em que estão os subtemas. Um subtema não depende do outro. Portanto, nesse nível, é preciso acessar outras páginas para visualizar os conteúdos, ao contrário do primeiro e do segundo níveis.

Diversos autores buscam novas formas de contar uma história, diferentes da pirâmide invertida. "A contestação ao modelo de pirâmide invertida não é recente. Nos anos 60, jornalistas como Tom Wolfe, Truman Capote, Gay Talese e Norman Mailler inovaram. Abandonaram a estrutura clássica de texto factual, acrescentando elementos literários. Criaram o Novo Jornalismo" (Squarisi; Salvador, 2005, p. 19).

De qualquer modo, a pirâmide invertida continua sendo o método mais recorrente em redações. Conforme aponta Lage (2004), existe ainda o tipo de lide interpretativo, comum em noticiários especializados, como os de esportes, cultura e ciência e tecnologia. Nele, são feitas a interpretação e uma adequada análise aprofundada dos fatos. Além deste, o autor destaca a existência de um lide narrativo, pouco comum no noticiário geral, criando uma "sequência narrativa de poucas linhas, cujo final encerra uma surpresa – como na estrutura tradicional do conto" (Lage, 2004, p. 36).

Síntese

Planejamento para a redação

- **Pesquisa**
  (levantamento)
  (coleta)
- **Pesquisa**
  (buscar dados)
  (arquivos públicos)
- **Checagem**
  (validar)
  (comparar)

- **Redação de informações**
  (pensar o receptor)
  (estrutura textual)
- **Redação de informações**
  (estilo)
  (audiências)

Questões para revisão

1. Quais são as regras para a verificação de fontes de informação?

2. Por que a pirâmide invertida vertical é importante no ciberjornalismo?

3. No planejamento de informações para redação na *web*, devemos ter uma série de cuidados. **Não** é um desses cuidados:
   a) verificar os dados que serão utilizados na informação.
   b) entender estrutura, composição de telas, publicadores e elementos do conteúdo jornalístico para a *web*.
   c) transpor o planejamento realizado na mídia tradicional impressa no cibermeio tradicional.
   d) elaborar um *storyboard* para guiar a construção da informação.

4. Na checagem de informações, devemos levar em consideração uma série de elementos. Nessa tarefa, **não** é necessário:
   a) recorrer a dicionários, manuais, textos da área e fontes especializadas.
   b) levar os dados levantados para os conteúdos, pois os leitores vão apontar erros ou incompatibilidades.
   c) citar *sites* sempre que extrair informações deles.
   d) indicar o cibermeio com hiperlink para uma página externa.

5. Na redação de informações para a *web*, o ciberjornalista deve:
   a) escrever textos breves, concisos, claros e precisos.
   b) usar o método de pirâmide triangular com lide forte.
   c) organizar informações, sem cortá-las, e resumir histórias.
   d) imaginar o caminho percorrido pelo leitor e criar filtros para não permitir a navegação excessiva.

Capítulo
04

Arte de escrever para a *web*

Conteúdos do capítulo:

- Formas práticas e dramas enfrentados pelos profissionais nas redações digitais.
- Instrumentos para a adequada aplicação de critérios jornalísticos na padronização de conteúdos inseridos nos meios digitais.
- Conhecimento para sanar dúvidas corriqueiras na prática do ciberjornalista.

Após o estudo deste capítulo, você será capaz de:

1. escolher a melhor representação de formato de mídia para o conteúdo ciberjornalístico;
2. aplicar as dicas de redação na *web* na produção de conteúdos jornalísticos;
3. explicar como os instrumentos destacados ajudam a prática do jornalismo nas redes.

A escrita para a *web* exige adequar o conteúdo informativo ao leitor de modo que se permita o fácil entendimento na tela. Algumas dicas sobre o uso de texto, imagem, áudio e vídeo são essenciais para otimizar a produção jornalística.

Quadro 4.1 – Representação da informação por mídias: vantagens e desvantagens

Representação informacional	Vantagens	Desvantagens
Texto	• Facilidade na publicação. • Alcance universal. • Capacidade de combinar com outros recursos informacionais.	• Gerar composição pobre. • Falta de elegância e atração. • Necessidade de desenvolver conteúdo textual estimulante.
Fotografia	• Facilidade de captação, mesmo com câmeras de celulares. • Capacidade de ampliação ou reforço de conceitos. • Capacidade para centrar a atenção. • Capacidade de construir narrativa sequencial em *slideshow*.	• Risco de distração. • Grande espaço ocupado na tela. • Geralmente, exigência de ilustração, isto é, do uso de legenda. • Peso excessivo para descarregar.

(continua)

(Quadro 4.1 - continuação)

Representação informacional	Vantagens	Desvantagens
Áudio	• Grande capacidade comunicativa. • Sentimento de interação com o conteúdo. • Capacidade de prender a atenção do usuário com a multiplicidade de recursos que ilustram o ambiente. • Ilustração de bastidores do conteúdo informativo.	• Má qualidade e ruídos excessivos. • Dificuldade de aplicação para determinados assuntos. • Tempo de carregamento e incompatibilidades de formato, com eventual necessidade de conversão de arquivo em áudio. • Peso excessivo, exceto quando incorpora o código de redes sociais de vídeos, a exemplo do SoundCloud ou do Mixcloud.

(Quadro 4.1 – conclusão)

Representação informacional	Vantagens	Desvantagens
Vídeo	• Potencializa sentir o realismo. • Maior possibilidade criativa. • Facilidade de gravação com equipamentos habituais (câmera de vídeo, celular, *tablet* etc.). • Grande aceitação e popularidade entre os usuários.	• Tempo de carregamento. • Tempo dedicado à construção do produto audiovisual. • Incompatibilidades de formato, com eventual necessidade de conversão de arquivo em vídeo. • Peso excessivo, exceto quando incorpora o código de redes sociais de vídeos, a exemplo do YouTube ou do Vimeo.

Destacamos que o uso combinatório de alguns elementos é essencial para uma hipermidialidade desejada na rede. Confira, a seguir, algumas dicas que consideramos essenciais, incorporando sugestões de Tejedor Calvo (2010).

4.1
Primeiros passos

Algumas dicas são essenciais para quem escreve na *web*: preservação de acentuação e pontuação, manutenção do esquema sujeito-verbo-objeto, determinação dos tempos verbais, concordância em número e pessoa entre sujeito e verbo, prudência no uso de advérbios, conjunções, preposições e interjeições, entre outras (Edo, 2007). Deve-se envolver o leitor logo no início do texto jornalístico, chamando sua atenção e apresentando o fato principal ao qual ele está condicionado, isto é, apresentar o que é merecimento de notícia.

∴ **Concisão, clareza e coerência**

Os textos jornalísticos devem ser claros e concisos com o objetivo de expor rapidamente o conteúdo ao leitor na *web*. Algumas dicas para a *web* são fundamentais, como eliminar os artigos definidos (o, a, os e as) e indefinidos (um, uma, uns e umas) e pronomes indefinidos (todo, toda, todos, todas) e possessivos (seu, sua, seus, suas) de textos e títulos. "Conciso não significa lacônico, mas denso. Opõe-se a vago, impreciso, verborrágico. No estilo denso, cada palavra, cada frase, cada parágrafo devem estar impregnados de sentido" (Squarisi; Salvador, 2005, p. 39).

Perguntas & respostas

Qual é o tamanho ideal de um texto jornalístico na *web*?
Um texto jornalístico ideal na *web* pode variar conforme o cibermeio e a plataforma, como para *mobile*, *tablet*, *desktop* ou

multiplataformas. O jornalismo em profundidade ganha destaque em mídias independentes e mesmo em veículos tradicionais digitais. Sugere-se a contagem de 800 a 1.500 caracteres pensados para ciberusuários de dispositivos móveis. Afinal, o hipertexto é elemento central no encadeamento de informações na internet. Isso não quer dizer que a rapidez e a clareza na leitura devam gerar desinformação, pela superficialidade do conteúdo, que não aprofunda o conhecimento e não estabelece relações com situações similares. O bom jornalista é capaz de relacionar fatos e propor ao leitor a rápida assimilação do informado, ativando memórias.

....

A objetividade e a pessoalidade nas informações para atingir todos os públicos do meio digital são o objeto do fazer jornalístico. Portanto, tornar o texto mais claro, sem palavras rebuscadas, é fundamental. Squarisi e Salvador (2005, p. 27) aconselham: "Palavras longas e pomposas funcionam como uma cortina de fumaça entre quem escreve e quem lê. Seja simples. Entre dois vocábulos, prefira o mais curto. Entre dois curtos, o mais expressivo".

∴ Título

Um título jornalístico bem construído é imprescindível para que o leitor tenha interesse em acessar uma notícia produzida pelo ciberjornalista. Como explicitamos ao nos referirmos ao uso da pirâmide invertida, a ligação entre título e lide é importante. Um título é capaz de sintetizar o assunto da matéria. Ele anuncia o que é noticiado. A dica é para o uso de um verbo de ação, na voz ativa e no tempo presente, exceto em assuntos que se referem a situações anteriores ou futuras (Pinho, 2003). Confira no Quadro 4.2 algumas dicas para o uso de títulos.

Quadro 4.2 – Elaboração de títulos ciberjornalísticos atrativos ao leitor

Use
Verbos de ação no presente (deixar o fato atual).
Resumo em síntese da notícia, destacando a ação e o sujeito (resposta para a pergunta: Quem fez o quê?).
Escrita capaz de atrair o leitor (caso seja necessário, usar a apelação, apresentando o fato).
Palavras-chave do fato noticioso (auxílio ao leitor na ambientação com o assunto noticiado).
Frases fortes para chamar a atenção do leitor.

(continua)

(Quadro 4.2 – conclusão)

Evite usar
Pontuação, exceto dois-pontos, ponto e vírgula e interrogação nos seguintes casos: • veículos utilizam dois-pontos com o sentido de afirmação de uma situação ou fato noticiado, a exemplo de acompanhamento em tempo real, ou a mídia usada seguida dos dois-pontos e do contexto do assunto abordado, ou citando sobrenome da fonte seguido de dois-pontos e a frase entre aspas; • ponto e vírgula é usado de forma a referenciar outras mídias no texto; • a interrogação tem sido usada em reportagens humanizadas que relatam histórias de personagens e para gerar interatividade com o público a partir de seus conteúdos informativos.
Siglas em excesso (não use em todos os títulos, por não ser atrativo – muitas vezes o leitor não interpreta o sentido das siglas).
Títulos que demonstram criatividade, mas que fogem da apresentação do assunto abordado e que geram dependência de outros elementos, como o antetítulo (elemento disposto antes ou acima do título do conteúdo jornalístico) ou a gravata, assim como títulos com mais de uma ideia que cause confusão de orações.
Artigos (o, a, os, as, um, uns, uma e umas) no início de frases. São os primeiros a serem cortados no ajuste de caracteres para a publicação ao ciberusuário.
Expressões de ligação no início do texto: além disso, a saber, agora, ainda que, aliás, ao menos, aparentemente, apesar disso, assim, até certo ponto, certamente, com efeito, contudo, de fato, de toda forma, depois de tudo, dito isto, em troca, em consequência, em uma palavra, enfim, em princípio, ou seja, isto é, finalmente, mais ainda, mas, melhor dizendo, na verdade, não obstante, por conseguinte, portanto, por exemplo, por ora, por outro lado, por último, pois bem, porém, vale dizer.

Fonte: Elaborado com base em Tejedor Calvo, 2010; Franco, 2008; Pinho, 2003.

Alguns exemplos ilustram como podemos usar os títulos e entretítulos para estimular o leitor ao acesso à notícia e para que continue lendo o texto redigido ou acesse *hiperlinks*.

Quadro 4.3 – Exemplos de uso de títulos em publicações

	Título da publicação
Declarações de entrevistados	Autuori quer tranquilidade do Atlético na Colômbia: "Sem traumas se for eliminado" (Malucelli, 2017)
Levantamento de questões	Como medir a opinião de um especialista antes de tomar uma decisão? (Dana, 2017)
Afirmações incomuns	Seu filho entrou agora na escola? Veja 5 dicas para lidar (Seu Filho..., 2017)
Comparação ou contraste	Cabral "empobreceu" no Brasil e guardou secretamente fortuna no Exterior (Cabral..., 2017)
Promessa de conflito	A descentralização do poder (Fucs, 2017)

Fonte: Elaborado com base em Kilian, 2000; Pinho, 2003.

:: Entretítulos

Os entretítulos ou intertítulos indicam um caminho aos usuários, guiando-os sem o risco de que estes fiquem perdidos no conteúdo jornalístico. Com esse recurso, é possível dividir o texto em assuntos, apresentados em formato de pirâmide invertida, e cada um deles é identificado com um intertítulo, que permite ao leitor escolher o que quer ler (Franco, 2008).

Esses títulos intermediários facilitam a busca de pontos importantes do texto, evitando que o conteúdo informativo longo cause dificuldades na leitura. Entretítulos têm o objetivo de "mostrar como os diferentes blocos de um texto articulam-se entre si" (Pinho, 2003, p. 198). Geralmente, eles aparecem negritados nos textos, compostos de uma a três palavras, sem verbo e ponto-final (Tejedor Calvo, 2010).

Essas características da *web* são muito próximas às do jornalismo impresso, que, por limitação de espaço, utiliza palavras que, muitas vezes, não apresentam sentido ligado diretamente com o título ou a gravata. Mesmo quando se faz a opção por uma frase com mais palavras, não se deve recair nesse problema corriqueiro do jornalismo impresso.

∴ Palavras, verbos e voz ativa

Algumas palavras costumam provocar dúvidas durante a redação de um texto jornalístico. Pegadinhas, preconceitos e termos pejorativos devem ser descartados. Deve-se ter sempre em mãos um manual de redação e dicionários. Escrever para a *web* exige uma linguagem coloquial, mas isso não quer dizer que precisam ser usados sempre os mesmos termos.

Alertamos que, corriqueiramente, alguns verbos são empregados de maneira incorreta no ciberjornalismo, como *acontecer*, *dizer, fazer, pôr, ter* e *ver*. Confira no Quadro 4.4 a correta aplicação desses verbos, tendo em vista alguns padrões do ciberjornalismo.

Quadro 4.4 – Uso adequado de alguns verbos comuns em textos na *web*

Acontecer	Empregar no sentido de algo que sucede de repente: o inesperado, desconhecido. Usar com os pronomes. Não usar como sinônimo de *ser, haver, realizar*. Exemplo: Se acontecesse o evento...
Dizer	Usar como sinônimo de *afirmar, citar, contar, declamar, declarar* ou *revelar*. Escrever *dizer* e não *falar* (significa "expressar por palavras"). Alguém diz, não fala. Exemplo: O professor diz...
Fazer	Usar no sentido de cavar, cursar, escrever, esculpir, percorrer ou proferir. Exemplo: Fazer jornalismo...; Fazer uma reportagem *on-line*...; Fazer a trilha por 20 quilômetros...
Pôr	Aplicar com a ideia de acrescentar, depositar, empregar, guardar ou introduzir. Exemplo: Pôr um infográfico na reportagem...; Pôr o dicionário no armário...; Pôr o verbo correto na frase...
Ter	Usar com o sentido de conquistar, gozar, medir, pesar ou sentir. Exemplo: Ter respeito dos ciberjornalistas...; Ter lesão na panturrilha...; Ter 1.200 caracteres...
Ver	Usar no sentido de *admirar, espiar* ou *observar*. Exemplo: Ver o talento dos músicos da banda de *rock*...; Ver pelo buraco aberto na porta...; Ver o uso dos verbos aqui sugeridos...

Fonte: Elaborado com base em Squarisi; Salvador, 2005.

A tônica da redação na *web* é utilizar a voz ativa, pois é mais fácil de o ciberusuário entendê-la. Ele não precisar retomar a frase para compreendê-la. Observe, no exemplo a seguir, a comparação entre o uso de voz ativa e o de voz passiva. A primeira opção está adequada para a internet, mas a segunda, não, por vários problemas que o uso da voz passiva pode causar, incluindo uma dificuldade de entendimento de conteúdo em virtude de uma ambiguidade na informação.

> **Voz ativa**: O deputado federal perdeu o avião para o encontro com o presidente.
>
> **Voz passiva**: O avião para o encontro com o presidente foi perdido pelo deputado federal.

∴ Blocos, frases, orações e parágrafos

Um bom texto é capaz de prender a atenção do receptor da informação jornalística. Verbos de ação devem sempre prevalecer. "Texto curto não é sinônimo de informação superficial ou incompleta, pois o jornalista pode usar o hipertexto, o grande diferencial da Web, cujos vínculos permitem que o usuário torne a notícia mais completa, na medida da sua necessidade ou interesse" (Pinho, 2003, p. 212). As frases devem ser fortes, principalmente no início, e curtas, para chamar a atenção do leitor. "Sempre há uma relação direta entre o número de ideias que o autor / editor tenta colocar na frase, a pontuação utilizada para criá-la e o tamanho do período. Ao reduzir o número de ideias por frase, minimiza-se a pontuação e se reduz o tamanho da frase" (Franco, 2008, p. 107).

Quando o jornalista escreve uma frase, não deve ser exigente consigo mesmo na manutenção de um número idêntico de caracteres, pois correria o risco de perder seu estilo criando um padrão que limita a capacidade criativa de exercitar a construção de um pensamento jornalístico. O indicado é a utilização de frases curtas, entre 20 e 30 palavras, para reduzir o número de erros e permitir a clareza (Franco, 2008; Squarisi; Salvador, 2005).

Quadro 4.5 – Efeitos e soluções no uso de frases longas em textos ciberjornalísticos

Efeitos das frases longas	Soluções
Excesso de vírgulas para separar as partes da oração	Dividir uma frase longa em várias breves. Recorrer a ponto, ponto e vírgula e ponto-final em parágrafos.

(continua)

(Quadro 4.5 – continuação)

Efeitos das frases longas	Soluções
Costura das frases que exige o uso de relativos (que, onde etc.) em excesso: o *que* mais verbo *ser* (que é, que foi, que era) ou o tão temido *já que* e outras cacofonias (por cada, boca dela etc.)	Cortar frases agregadoras de contexto, ou seja, aquelas que falam ao extremo de situações atreladas ao fato principal. Exemplo: Quando Donald Trump foi empossado ontem como presidente dos Estados Unidos, no Capitólio, em Washington, onde manifestantes protestavam ateando fogo em uma limusine e construindo barricadas, já que seu governo não agrada muitos norte-americanos, esperavam por ele diversas autoridades para vê-lo jurar lealdade à Constituição.
Erros de concordância, com muita distância entre sujeito e verbo ou com verbo e objeto direto ou indireto longe do sujeito	Apostar no mais simples, em caso de dúvida. Escrever menos é mais fácil e melhor.
Imprecisão	Sempre afirmar, limitando o uso do advérbio *não*. Confira um exemplo comparado: Inadequado: O presidente diz que não adotará medidas contrárias ao pacote financeiro. Adequado: O presidente nega adotar medidas contrárias ao pacote financeiro.

(Quadro 4.5 - conclusão)

Efeitos das frases longas	Soluções
Uso excessivo de gerúndio	São muito comuns em textos frases que não terminam em razão do uso acentuado de gerúndios. Usar ponto-final ou preposições para ligar trechos. Exemplo (com uso de gerúndio): Policiais do Grupo de Operações Especiais (GOE) encontraram armas, celulares e drogas na Penitenciária Estadual de Alcaçus, em Nísia Floresta (RN), retomando o controle do presídio ocupado desde a última semana, onde os agentes e policiais fizeram uma força-tarefa, investigando os pavilhões 4 e 5 na manhã desta sexta-feira (27). Exemplo (sem uso de gerúndio): Policiais do Grupo de Operações Especiais (GOE) encontraram armas, celulares e drogas na Penitenciária Estadual de Alcaçus, em Nísia Floresta (RN). A polícia e os agentes, numa força-tarefa, retomaram o controle do presídio ocupado desde a última semana. Eles investigaram os pavilhões 4 e 5 na manhã desta sexta-feira (27).

Fonte: Elaborado com base em Franco, 2008; Squarisi; Salvador, 2005.

Um parágrafo na internet deve centrar-se em um mesmo tema, ser curto e composto de poucas frases, permitindo ao internauta o acesso às informações de maneira facilitada, por meio de uma leitura escaneada e diagonal (Tejedor Calvo, 2010; Franco, 2008). Um esboço dos conteúdos correlatos ao texto – vídeo, áudio ou fotografia/infografia – deve ser produzido. O objetivo é evitar que as informações a serem levantadas para outras mídias se tornem conflitantes ou similares aos parágrafos do texto jornalístico.

É claro que o parágrafo ajuda o leitor a se guiar pela leitura. Se, por um lado, é cansativa a leitura de trechos muito curtos, causando a percepção de conteúdos fragmentados, de outro, a existência de parágrafos longos gera ainda mais desconforto. O ideal é utilizar parágrafos com 40 a 60 palavras, o equivalente a duas ou a quatro frases. Esses parágrafos devem destacar a mesma ideia sintetizada nas frases. Não se podem construir frases desconexas. Além disso, é preciso criar uma hierarquia de informações.

O mesmo deve ocorrer com as orações, que precisam ser simples e curtas para orientar o leitor. Sempre é bom verificar se um trecho longo pode ser dividido em duas orações. A oração com adjetivação deve ser trocada pela nomenclatura adequada com vistas à concisão, ou seja, para reduzir a contextualização demasiada. Por exemplo, em vez de *o especialista que estuda psicologia*, usar *psicólogo*; em vez de *o profissional que trabalha com jornalismo*, optar por *jornalista*. Devemos, assim, repensar a redação de orações e blocos na pirâmide invertida.

Isto leva a uma apropriação da voz passiva; a propor a violação da ordem 'lógica' de sujeito, verbo, objeto direto, objeto indireto e advérbio; a usar os dois pontos de novas formas; a eliminar os artigos; a manejar siglas e números de forma diferente. O início de tudo isto é a oração, o bloco com que se constrói a pirâmide. (Franco, 2008, p. 89)

De tal modo, abdicamos de regras básicas da língua portuguesa, tornando os vícios de linguagem comuns na redação *web*. Não se pode ter receio de cortar textos. É claro que não enfrentamos o dilema das redações impressas com caracteres definidos para diagramação, mas na *web* também precisamos compor textos enxutos. Apesar de, muitas vezes, ser doloroso cortar um texto, todos os profissionais já passaram pelo sistema "põe-tira-muda-corta". No caso do uso de imagens e de infográficos estáticos ou interativos, a oração cumpre o papel de encaminhar o leitor para o que os dados ou o conteúdo imagético demonstram (Tejedor Calvo, 2010).

∴ Negrito, itálico e sublinhado

Quando escrevemos para a *web*, o uso de cores é importante para diferenciar elementos textuais e dinamizar os conteúdos produzidos, separando-os e permitindo ao leitor filtrar o que será mais interessante para sua leitura. Nos cibermeios, o uso do negrito é indispensável. Esse destaque, em geral, é usado para: "1) perguntas numa entrevista; 2) primeiras palavras de itens dentro de uma enumeração; 3) palavras soltas ou frases completas dentro de um texto. É função do editor web definir que frases são destacadas usando negrito" (Franco, 2008, p. 146).

No caso de perguntas realizadas no estilo de entrevista pingue-pongue, algumas dicas são fundamentais para a utilização de cores. Confira o Quadro 4.6, a seguir.

Quadro 4.6 – Recomendações para a aplicação de negrito em entrevista pingue-pongue

Recomendações	Aplicação de negrito
Conservação do formato pergunta-resposta	Serve para romper a uniformidade do texto. Caso o produto seja oriundo de uma publicação impressa, substituir o itálico pelo negrito nas perguntas.
Seleção de um dos assuntos expostos na entrevista para começar o texto e desenvolvê-lo imediatamente	Ajuda a evitar a repetição. Quando o redator escolhe apenas um assunto, evita resumir os assuntos que serão tratados em várias perguntas, criando a ambiguidade de informação. Fazer o estilo de entrevista pingue-pongue é similar a realizar a construção de um texto no modelo de pirâmide invertida, separando os conteúdos por assuntos, numa mesma zona temática.

(continua)

(Quadro 4.6 – conclusão)

Recomendações	Aplicação de negrito
Inclusão, entre aspas, de uma declaração que imediatamente será referenciada nas frases seguintes	Fórmula prática e fácil de abertura da entrevista. Pode prescindir de aspas ou apresentar uma novidade dita pelo entrevistado.
Marcação de trechos importantes nas respostas do entrevistado	Em alguns casos, os cibermeios podem destacar algum trecho importante (três a cinco palavras de uma resposta). Nesse caso, vale utilizar o negrito. A dica é não usá-lo em excesso, pois pode causar confusão com a marcação do negrito nas perguntas. Não usar cores distintas.
Criação de transição entre tema usado na introdução e pergunta-resposta	Perguntar ao entrevistado sobre o tema introdutório é mais eficaz. Outra opção é identificar o entrevistado e demonstrar a importância da entrevista. Pode ainda ser feito um perfil do entrevistado nesse início que antecede as perguntas e as respostas.
Verificação do tamanho dos parágrafos e das orações	Já vimos anteriormente a importância do uso de frases breves. Porém, o cuidado é para não mudar a ideia/o pensamento do entrevistado quando da divisão de frases longas em curtas. Isso pode causar desvirtuamento da resposta.

Fonte: Elaborado com base em Franco, 2008.

Para ilustrar o uso de negrito em palavras soltas ou frases num texto, apresentamos um exemplo extraído do diário *El Mundo*, da Espanha, em que algumas palavras selecionadas em uma citação são negritadas pela edição digital.

Figura 4.1 – *El Mundo* destaca em negrito trechos de discurso de Peña Nieto

O itálico e o sublinhado devem ser evitados na internet, pois dificultam a leitura na tela do computador ou em dispositivos móveis. No Quadro 4.7, você poderá ver um exemplo de aplicação de negrito nas primeiras palavras de uma informação.

∴ Enumerações

As enumerações auxiliam o ciberjornalista a romper com o texto denso e cansativo para o leitor, utilizando um elemento importante para a conversão de dados ou indicadores que possam ser consolidados em um *boxe* ou no corpo do texto.

Além de propiciar uma leitura não linear, que já citamos como uma das características da redação para a *web*, a enumeração permite estabelecer vínculos com *hiperlinks*, para manter o leitor navegando pelas informações desmembradas do texto. A sugestão é usar as primeiras palavras de cada tópico enumerado em negrito. Vale destacar que essa enumeração não é similar à de livros ou catálogos. Hifens indicam o início de cada tópico e as primeiras palavras aparecem em negrito.

Quadro 4.7 – Exemplo de enumeração na versão impressa e sua conversão para a *web*

Versão impressa	Versão web
Estes são os pontos candentes do acordo: • A Colômbia quer uma relação mensal dos colombianos que ingressaram no país com mais de 10 mil dólares em dinheiro. O Panamá diz que sim. • Também se pede uma relação dos barcos que saem rumo à Colômbia. O Panamá sugeriu discutir o tema com suas autoridades marítimas.	Colômbia pede as seguintes informações: • **Relação mensal** de colombianos que ingressam no país com mais de 10 mil dólares em dinheiro. Panamá diz que sim. • **Lista de barcos** que saem rumo à Colômbia. O Panamá sugeriu discutir o tema cm suas autoridades marítimas.

(continua)

(Quadro 4.7 - conclusão)

Versão impressa	Versão web
• A Colômbia solicita que se informe o peso da mercadoria que sai para o país e seu valor declarado, para evitar que seja camuflado pelo contrabando no caminho ou que se altere o custo. O Panamá acha viável. • Igualmente, é solicitado ao Panamá que (em casos especiais) exija de seus comerciantes que informem como os compradores colombianos pagaram as mercadorias. Os panamenhos já disseram que não. • Também se negam a dar dados sobre os sócios de firmas vinculadas a envios irregulares.	• **Peso da mercadoria** que sai do país e o valor declarado, para evitar que seja camuflado contrabando pelo caminho ou que se altere o custo. O Panamá acha viável. • **Forma de pagamento** usada pelos comerciantes colombianos para adquirir mercadorias. O Panamá diz que não. • **Dados sobre** os sócios de firmas vinculadas a envios irregulares. O Panamá se nega a fornecê-los.

Fonte: Franco, 2008, p. 143.

∴ No Twitter e no Facebook

Listamos a seguir algumas dicas importantes para a redação nas redes sociais digitais Twitter *e* Facebook, que, como afirmamos, integram o gênero ciberjornalístico diversional híbrido:

- Construir uma frase atraente e informativa, gerando um estímulo no leitor. Variar ao usar duas frases curtas, em voz ativa. Outras dicas são o uso de dois-pontos e exclamação (sem exageros). Usar métodos para hierarquia e edição das informações.
- Usar títulos com ironias ou perguntas, jogos de palavras, humor e metáforas, levando o usuário a clicar em *links* relacionados ao conteúdo informativo.
- Ser criativo, por mais limitado que seja o espaço da rede de *microblogs*. Lembrar que são pequenas partes que constroem uma boa frase. Caso seja necessário, revisar, corrigir e reescrever o texto.
- Não usar jargões jornalísticos, abreviaturas, siglas ou simplificações de palavras, como no envio de mensagens de texto no celular ou em *chats*. Respeitar as normas gramaticais e ortográficas. Evitar o uso de artigos e repetições de informações.
- Não dividir o *post* em duas publicações simultâneas. Isso pode confundir o público e dificultar o acesso.
- A expressão de emoções na comunicação foi intensificada com o uso de *emoticons* – ícones digitados manualmente que comunicam emoção – e *emojis* – personagens retratados em imagens prontas.

> - Buscar fatos secundários ao fato principal, isto é, o gancho, para destacar. Não se limitar a publicar títulos de notícias, pois, ao copiar o *link*, o mesmo título aparecerá na notícia compartilhada.

Fonte: Elaborado com base em Tejedor Calvo, 2010.

4.2
Texto consolidado

O texto para *web* deve ser claro, conciso e coerente. A legibilidade do texto e a facilidade para a leitura são essenciais.

Veja como calcular o índice de legibilidade de um texto *on-line* para a plataforma *web*, segundo modelo esboçado por Squarisi (2011) a partir da tradução feita pelo jornalista Alberto Dines dos estudos norte-americanos sobre legibilidade:

- Conte as palavras do parágrafo.
- Conte as frases (cada frase termina por ponto).
- Divida o número de palavras pelo de frases. Assim, você terá a média de palavra/frase do texto.
- Some a média de palavra/frase do texto com o número de polissílabos (palavras com quatro ou mais sílabas).

- Multiplique o resultado por 0,4 (média de letras da palavra na frase de língua portuguesa). O produto da multiplicação é o índice de legibilidade.

Resultados do índice de legibilidade:

1 a 7 – história em quadrinhos

8 a 10 – excepcional

11 a 15 – ótimo

16 a 19 – pequena dificuldade

20 a 30 – muito difícil

31 a 40 – linguagem técnica

Acima de 41 – nebulosidade

4.3
Divulgação de conteúdo

A publicação de um conteúdo informativo nas páginas de *sites*, portais e *blogs* deve receber atenção dos profissionais responsáveis, isto é, dos editores de página. Ao mesmo tempo que conteúdos estão sendo editados na redação, o editor precisa subir uma matéria já liberada para publicação. O repórter interage com ele. O setor de fotografia ou infografia avisa sobre a liberação de materiais na intranet, os desenvolvedores de *softwares* apresentam correções, e a chefia cobra, por telefone, erros de gramática ou norma-padrão ou, ainda, a atualização dos materiais no *site*, portal ou *blog*. Afinal, os 20 minutos já passaram.

Logo, podemos notar a quantidade de atividades simultâneas e convergentes realizadas. Um erro percebido pelos leitores significa uma sequência de comentários no campo disponibilizado no pé do conteúdo liberado pelo editor, na postagem inserida na rede social pelo editor de mídias sociais ou no corpo de *e-mails*. As redações de cibermeios tradicionais funcionam em ritmo acelerado.

É preciso ter cuidado com a revisão de textos, conferir se faltam informações e buscar possibilidades adicionais de utilização de recursos multimídia, hipertextuais e interativos. Além disso, quando divulgar o conteúdo, deve-se observar se arquivos de áudio extraídos de uma entrevista podem ser utilizados como complemento da reportagem, se as fotografias revelam traços do entrevistado ou contextualizam a reportagem, se os vídeos apresentam imagens próximas e planas e se o texto está conciso, simples e estimulante (Ferrari, 2004).

Síntese

Redação para a *web*

- Palavras
- Verbos
- Voz ativa (princípios básicos)
- Negrito, itálico e sublinhado
- Títulos e entretítulos
- Enumerações (cuidados)
- Blocos
- Frases

- Orações
- Parágrafos (todos prezam pela concisão e pela clareza)
- Twitter e Facebook (dicas para escrever)
- Texto consolidado (índice de legibilidade)
- Divulgação de conteúdos (cuidar com erros)

Questões para revisão

1. Explique as vantagens e as desvantagens na representação da informação pelas seguintes mídias: texto, fotografia, áudio e vídeo.

2. Quais são as estratégias para conferir clareza, coerência e coesão ao texto?

3. Qual das alternativas **não** é indicada na criação de títulos atrativos nos cibermeios?

    a) Usar palavras-chave do fato noticioso.

    b) Atrair o leitor com o uso de frases fortes.

c) Usar ordem passiva para melhor compreensão.

d) Sintetizar a notícia com destaque para ação e sujeito.

4. **Não** é um dos cuidados necessários na redação das informações para a *web*:

    a) Aplicar a lógica sujeito-verbo-objeto.

    b) Atentar para os tempos verbais.

    c) Manter a concordância.

    d) Apresentar o fato principal só depois para gerar tensão.

5. Na redação de um texto, há verbos que sempre causam preocupação por serem usados de forma errada, como:

    a) acontecer, dizer, fazer, pôr, ter e ver.

    b) acontecer, dizer, falar, ter, ver e sentir.

    c) dizer, falar, fazer, pôr, ter e sentir.

    d) dizer, fazer, pôr, ter, ver e sentir.

A J M R L S N I M L
J A L N M S I G R S

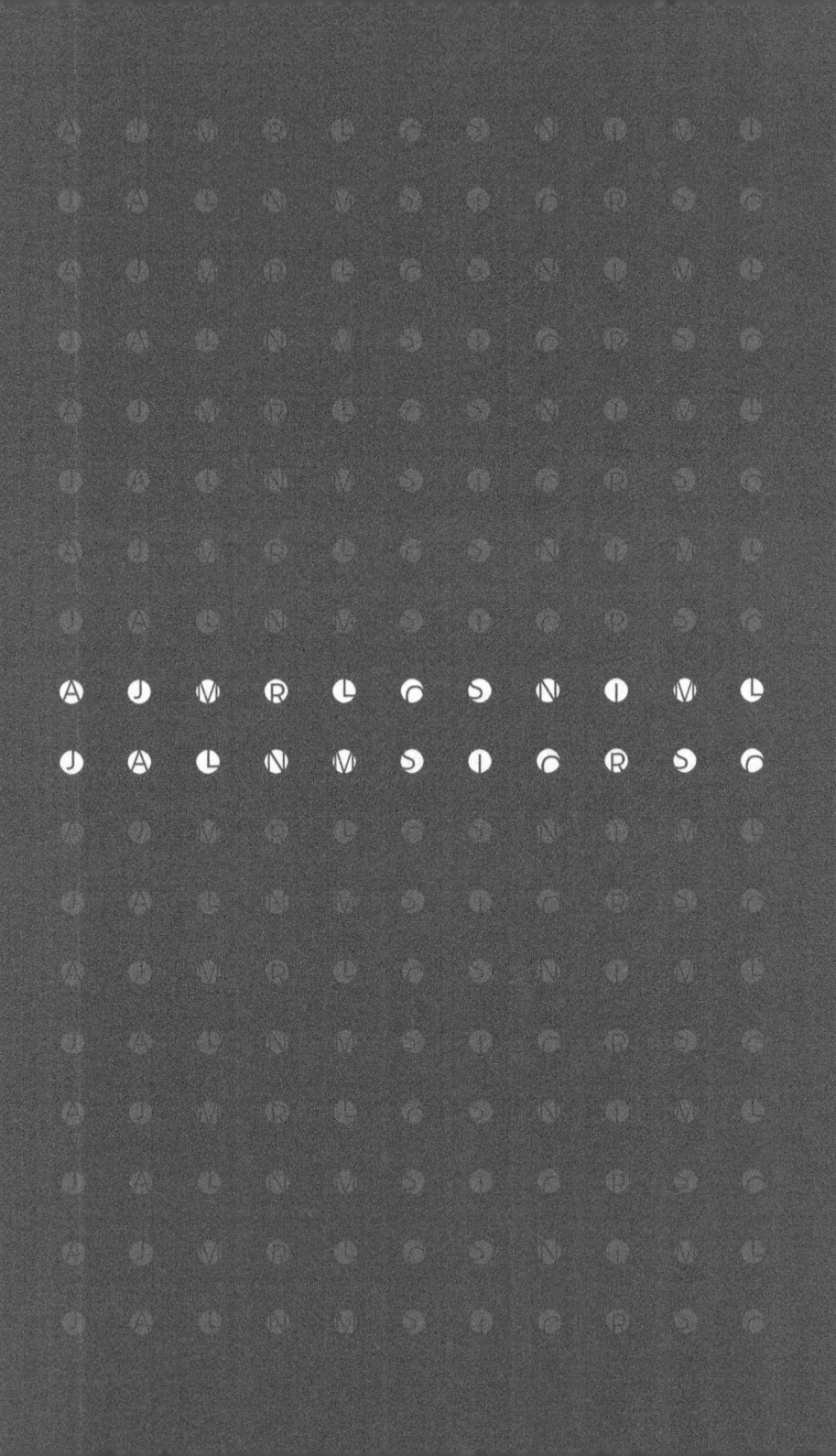

Parte 03

Novos caminhos
para o ciberjornalismo

Capítulo
05

Linguagem jornalística *on-line* atual

Conteúdos do capítulo:

- Avanços no papel do ciberjornalismo e da produção moldada para os meios digitais que revigoram a profissão e o profissional.
- Novos espaços para inovação, criatividade e excelência na comunicação digital.
- Relação entre o ciberjornalista e o receptor da informação na *web*, alterando-se a forma de pensar a base do ciberjornalismo.
- Exploração das características da rede para o progresso do ciberjornalismo.

Após o estudo deste capítulo, você será capaz de:

1. compreender as mudanças provocadas pelo jornalismo nas narrativas e na linguagem adotada na rede;
2. assimilar as transformações na forma de produção, circulação e distribuição de produções ciberjornalísticas;
3. perceber os desafios mercadológicos e de readaptação dos profissionais;
4. prospectar novos caminhos para a prática do ciberjornalismo.

As tecnologias provocam mutações na linguagem jornalística atual, gerando também desafios e criando oportunidades ao ciberjornalismo e aos ciberjornalistas. Nesses novos tempos, experimentamos realidades às quais não estamos condicionados. Mudanças causam temores. Acompanhar o ritmo frenético de inovações trazidas pelo ciberespaço é impossível. Basta pensar em ler sua *timeline* nas redes sociais digitais. A velocidade de conteúdos avança. A ubiquidade permite romper barreiras geográficas e conhecer o inexplorado ou o novo.

Entender o poder comunicativo e a miscelânea de *gadgets*, aplicativos e *softwares* avançados que são convergentes, dinâmicos e multitarefas é ampliar a inteligência humana e computacional. Ao testar, corrigimos. Ao corrigir, criamos. Ao criar, superamos o obsoletismo. Ao superar o obsoleto, chegamos ao fim. Ao fim, sempre cabem o rompimento tecnológico e a criação do novo. O novo testamos, e a cadeia se regenera. Está claro: o avanço é caótico.

O jornalismo muda na forma de conceber os conteúdos para os usuários. A ruptura com rotinas de produção, distribuição e circulação de informação parece mais acelerada na linguagem da *web* em relação àquela sentida pelos meios impressos, radiofônicos ou televisivos durante décadas. Afetamos a realidade do digital quando pensamos o *on-line* e também reconstruímos o arcabouço que sustenta as outras mídias. Descrever os processos de produção em turbulência é mostrar indícios daquilo que está em mutação. Aguçar o intelecto para o jornalismo feito para a *web* é inovar na forma de representar hipermidiaticamente uma mensagem.

5.1
Ciberjornalismo e ciberjornalista

O jornalismo digital transformou as redações mundiais. Algumas delas foram enxugadas; outras passaram por transformações em suas rotinas de produção. A arquitetura de informação rígida nas formas de produção de conteúdo informativo e a construção de estruturas organizacionais compostas de profissionais que desempenham funções determinadas perdem espaço no ciberjornalismo.

Dessa maneira, o profissional e os meios sofrem transformações. *Deadlines* são estabelecidos para conteúdos específicos, mas as edições digitais não fecham em horários predeterminados. O espaço e o tempo são distintos na *web*. Rompem-se os paradigmas e as fronteiras estabelecidas pela conjuntura adotada por meios tradicionais.

O ciberjornalista precisa estar atento a todas as mudanças proporcionadas pela dinâmica da *web*. Tendo isso em vista, valemo-nos de Tejedor Calvo (2010) para destacar e detalhar cinco grandes novidades:

1. Ocorreu a passagem da escrita textual para um modo multimídia/hipertextual/hipermídia sustentado por produção para dispositivos móveis e redes sociais.
2. O trabalho do ciberjornalista passou a ser exercido em qualquer local (redação *on-line*), sem a necessidade de estar presente na redação de um veículo de comunicação.
3. Ciberjornalistas passaram a produzir por e para dispositivos móveis e redes sociais digitais. Instagram Stories, Snapchat,

WhatsApp, Facebook, Twitter, YouTube, entre outros aplicativos e redes sociais, despontaram como estratégias para a difusão de conteúdos jornalísticos.
4. Surgiram rearranjos produtivos coletivos com jornalistas trabalhando em redação *on-line* ou *off-line*, em formato de cooperação ou sistema de *freelancer* (empreitadas profissionais isoladas).
5. A partir disso, diversas iniciativas inéditas independentes surgiram no Brasil. A Agência Pública mapeou esses novos modelos de projetos em cibermeios no Mapa do Jornalismo Independente (Agência Pública, 2017), que traz mais de 100 projetos desenvolvidos no Brasil.

Figura 5.1 – Mapa do Jornalismo Independente, da Agência Pública

Fonte: Agência Pública, 2018.

No jornalismo *on-line* tradicional, o papel do *gatekeeper*[1] é alterado e, assim, mudam o padrão de seleção e a filtragem daquilo que pode ser noticiado. As redações, em suas reuniões de pauta, definem assuntos a serem abordados por suas equipes de reportagens nas coberturas diárias, sendo debatidos, geralmente, pelos chefes e editores responsáveis.

Como defende Bruns (2005), a função *gatekeeping* é substituída pela *gatewatching*, em que ocorre a produção colaborativa de notícias. Os consumidores de informação querem participar, e os chamados *cidadãos jornalistas* produzem conteúdos que são usados pelos redatores na *web*. Eles classificam, dividem, formatam e disponibilizam os materiais nas redes digitais. A relação entre jornalista e usuário é alterada.

∴ Segunda tela

A produção de significados jornalísticos no ciberespaço leva a mudanças na forma de apropriação do conteúdo informativo. As interações entre sujeitos da mensagem e receptores se modificam. Agora, há o desafio de acompanhar as transformações que estão sendo percebidas.

---

[1] Como explicamos no Capítulo 1, *gatekeepers* são os controladores dos conteúdos que chegam ao consumidor de informação na internet.

A segunda tela é o ato de assimilação e o produto de conteúdos acessados. Os ciberusuários fazem isso com a mensagem transmitida. Buscam o momento propício para recircular no espectro digital sua visão sobre os fatos, em razão dos sistemas de filtragens nos cibermeios, da falta de mecanismos interativos e da multimidialidade. Compartilham *links* para conteúdos produzidos por outros ciber-repórteres. Decompõem os limites de autoridade do profissional dos meios de comunicação. Criam novos panoramas e representam a voz de grupos minoritários ou majoritários presentes nas redes, que identificam fragilidades para realçar seus pontos de vista.

Defendemos a tese de que muitos ciberjornalistas, em suas redes sociais digitais, são mais populares do que as páginas dos cibermeios. Basta comparar a replicação de uma notícia ou reportagem produzida por um desses profissionais a uma publicada pelos veículos. Observe o ganho de visualizações, compartilhamentos e narrativas construídas a partir de um único *post* na rede de microblogagem. A rede social digital pessoal ganha da rede social do cibermeio por ter mais proximidade com o público. A pessoalidade sobressai ao imaterial. A notícia é entregue por cibermeios, mas sofre a divulgação por métodos e filtros cidadãos, reconfigurando os processos democráticos virtuais e reais. Afinal, o virtual acaba sendo dito no real.

∴ Cidadãos jornalistas

Não é mais novidade que os usuários participam da produção dos conteúdos jornalísticos nos cibermeios tradicionais ou independentes e alternativos. No caso de mídias independentes, as iniciativas brasileiras, pelo menos, mostram a forte presença da população dando suporte nos mais variados assuntos e temáticas. As comunidades locais ganham força e representação. Portanto, começamos a debater a autoridade do profissional formador de opinião na *web*, ou seja, o embate travado entre os ciberjornalistas e os cidadãos jornalistas.

O conteúdo produzido pelos cidadãos jornalistas pode ser encarado como amador, desprovido de um trabalho de pesquisa, apuração, checagem e demais critérios de noticiabilidade postos em prática pelos profissionais de cibermeios ou por estudantes em processo de maturação profissional. O jornalista tem habilidade para atrair audiências. Entretanto, o cidadão jornalista torna-se notícia e fato primário e secundário em reportagens, contextualiza materiais multimídia e interativos e conecta-se à dinâmica dos meios tradicionais de forma rápida. Ele participa ao enviar imagens para os cibermeios, vídeos para as web TVs e captação sonora para web-rádios. A participação do cidadão jornalista no dia a dia do jornalismo, seja na mídia tradicional, seja nos cibermeios, ampliou-se nesses últimos anos. Ele é, ao mesmo tempo, personagem e produtor de conteúdos em meios de comunicação.

A rede social de vídeos YouTube, em 2016, criou o YouTube Direct, para permitir que usuários, com seus celulares, produzissem vídeos e interagissem em tempo real com consumidores da informação. É possível realizar *lives* de entretenimento, de conteúdo jornalístico e de replicação das atividades diárias que merecem repercussão e seguidores. Os próprios veículos de comunicação tradicionais ainda utilizam a plataforma para a transmissão de programas ao vivo.

Figura 5.2 – YouTube Direct possibilita ao cidadão jornalista a criação de vídeos

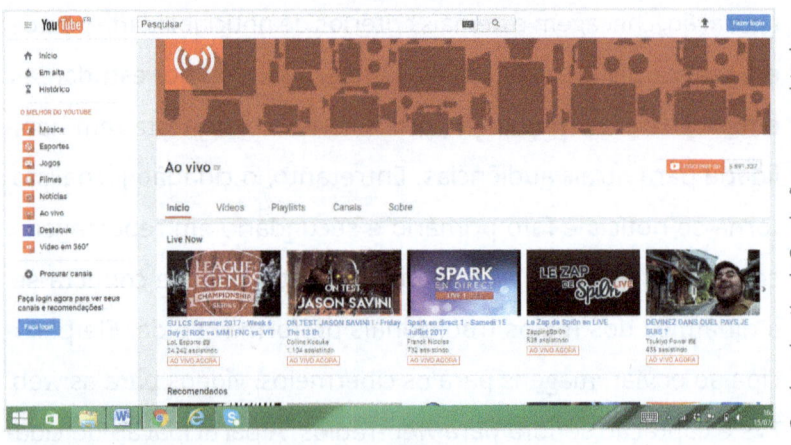

Google e o logotipo do Google são marcas registradas da Google Inc., usadas com permissão

O cidadão jornalista também encontra espaço de publicação em *blogs* pessoais, espaços primários de contribuição na mídia alternativa, ou em suas redes sociais digitais (Meadows, 2013).

Além disso, os cidadãos jornalistas não dispõem de recursos e suporte operacionais e técnicos para a realização de suas estratégias em curto prazo. Eles podem adquirir o preparo e instrumentos pela experimentação quando suas ações coletivas ou individuais produzem resultados e visibilidade social. Suas bases de audiência surgem de grupos predispostos a ouvir, ler e ver aquilo que é conveniente. Hoje, a profissão do *youtuber* é uma das mais rentáveis. Além disso, a atividade gera publicidade. O YouTube é uma plataforma a ser explorada pelo ciberjornalista para propagar notícias e serviços ligados a uma marca.

∴ Curadoria no ciberjornalismo

Diante do cenário de abundância de informações e dados que precisam ser tratados e organizados, os buscadores de informação agregada já não conseguem mais condensar o que é relevante. A escolha das informações a serem direcionadas para publicação ao usuário tem ganhado importância no ciberjornalismo no Brasil desde 2012. A curadoria jornalística está focada em levar informação personalizada e tratada ao usuário. O ciberjornalista escolhe, trata, valoriza e circula a informação pelas redes telemáticas. Surgem plataformas em bases de algoritmos e suportes que expandem o sistema de gerenciamento de arquivos com rapidez.

O fluxo de informação nas redes digitais, agências de notícias, *sites*, portais e *blogs* exige a filtragem dessas informações para serem transmitidas com agilidade ao usuário. É normal o curador jornalista aglutinar informações desses canais na consolidação de um texto jornalístico na *web* capaz de explicar de maneira objetiva e aprofundada os fatos primários e secundários a serem noticiados. Não se trata apenas de reproduzir informações, mas de, ao mesmo tempo, uni-las, compará-las e, sempre que possível, contrastá-las com as de fontes paralelas. Portanto, a função do jornalista curador é planejar a informação em um volume mais baixo e agregar materiais legítimos de terceiros e conteúdos multimídia (Ferreira, 2016). É organizar estrategicamente esses dados para dar um significado simplista e dinâmico à mensagem.

No Twitter, por exemplo, há no menu esquerdo um espaço com destaque para os assuntos mais comentados no momento. Os *tweets* são selecionados para a composição de um *feed* dos principais assuntos por temáticas definidas. O sistema de relato de histórias foi construído em 2015 "com base em editorias – Entretenimento; Diversão; Hoje; Notícias; e Esportes – estabelecidas pelos jornalistas que atendem a ferramenta. Nestas editorias são criadas curadorias sobre diversos assuntos comentados no microblog" (Foggiato; Lima; Storch, 2016, p. 7).

5.2
Marketing, recursos e habilitações

Os cibermeios sabem dos processos de readaptação de suas práticas produtivas e veiculação daquilo que é gerado. O *The New York Times*, por exemplo, a partir dos conhecimentos e das experiências gerados pelo Facebook, começou a venda de seus conteúdos para a rede social digital, o chamado **conteúdo distribuído**, que leva a informação rapidamente aos usuários de aplicativos móveis. É a prática habitual no digital. O Facebook usa, por exemplo, nessa experiência de conteúdo distribuído, os artigos instantâneos (Instant Articles, 2017).

Não resta dúvida: o Google e o Facebook ditam as tendências e dizem muito sobre nossas preferências. O Facebook Ads e o Google AdWords são ferramentas importantes para a gestão de organizações digitais jornalísticas. Os ciberjornalistas, assim como os programadores ou *social media*, precisam conhecer essas ferramentas. O ciberjornalismo estimula o uso de estratégias que possam gerar condições para o crescimento de seus negócios e projetos. Cada vez mais, eclodem projetos independentes ou que revigoram o ciberjornalismo mundial.

Navegue

INSTANT ARTICLES. Disponível em: <https://instantarticles.fb.com>. Acesso em: 26 jul. 2018.

Para alcançar ainda os primeiros lugares nos mecanismos de busca, a exemplo do Google, *sites*, *blogs* e demais cibermeios estão investindo no SEO, o *search engine optimization* – em tradução livre, otimização para mecanismos de busca. A visibilidade de uma marca pode ser potencializada pelo alcance que o cibermeio tem na rede. Algumas empresas aplicam regras de SEO para aparição no topo das páginas. Estes são anúncios pagos resultantes do uso da ferramenta Google AdWords. Porém, existe o resultado orgânico, que é motivado pela relevância e atratividade de um conteúdo na rede. Para aparecer entre os primeiros resultados na busca, é necessário atender a dezenas de requisitos, que podem ser trabalhados por um profissional especializado em mídias sociais.

Além disso, os resultados podem ser consultados por técnicas empregadas pelo Google Analytics, que revelam traços de repercussão na rede. A ferramenta é gratuita e basta criar uma conta no Google. A conexão é feita apenas via servidores DNS, que conectam o *site* à ferramenta para monitorar diariamente o fluxo, o número de visitas e o engajamento no cibermeio.

Alguns cibermeios passaram a incorporar, em junho de 2017, o Impacto.jor, um sistema de medição e acompanhamento sistemático do impacto social das reportagens nos consumidores de informação jornalística. O Impacto.jor é resultado de uma parceria entre *Folha de S.Paulo*, *Gazeta do Povo*, *Nexo*, *Nova Escola* e *Veja*, em iniciativa inédita no Brasil, com o Google News Lab e o Instituto para o Desenvolvimento do Jornalismo (Projor). O projeto tem como objetivo entender não apenas cliques, mas também a qualidade do conteúdo gerado pelos veículos (Impacto.jor, 2017).

Os informes publicitários em cibermeios tradicionais se tornam recorrentes para o aumento das receitas, aliando os departamentos de jornalismo e *marketing*. Afinal, atualmente, Facebook, Apple e Google dominam a publicidade digital. As páginas principais, chamadas de *informes publicitários*, recebem conteúdos produzidos por empresas, de forma similar ao que é feito no jornalismo. A partir do investimento em pacotes semanais, mensais ou trimestrais, as empresas adquirem espaço de destaque nos portais e *sites*, ganham seu próprio *hotsite* e dão visibilidade a suas ações institucionais. Os textos jornalísticos ilustram um fato jornalístico e fatos secundários relatados pelo ponto de vista do cliente, ou seja, o anunciante do *site*. Produzem reportagens que podem ser confundidas com aquelas feitas por ciberjornalistas da redação. O mercado jornalístico digital muda.

O chamado *marketing de conteúdo*, ou *content marketing*, está ganhando popularidade. Esse é um dos desafios para o jornalismo. Grandes marcas estão em busca de jornalistas criativos capazes de contar histórias sobre suas marcas, bem como de identificar e utilizar personagens que credibilizem a imagem da marca, canalizando novos consumidores.

Os ciberjornalistas devem produzir conteúdos importantes para a escolha de um serviço ou a compra de um produto por um cliente. A produção desses conteúdos deve levar em conta o perfil de diferentes grupos de indivíduos, organizados por sexo, faixa etária, escolaridade ou classe social. É preciso deixar de lado o excesso de informações – as aspas dos entrevistados – e privilegiar a marca. Os dados pesquisados e checados devem ajudar a contextualizar o assunto em pauta.

Outro desafio é preparar as redações de modo que estas ofereçam aos profissionais do jornalismo recursos para a produção de um conteúdo atrativo, dinâmico e interativo. De acordo com Ferrari (2004), a visão comercial, de *marketing* e legislação é essencial para o bom profissional. O perfil desejado na mídia tradicional ou independente é o do jornalista multidisciplinar, capacitado para utilizar os recursos necessários para o suporte de suas ações jornalísticas.

As múltiplas capacitações do bom ciberjornalista passam pela produção acelerada de conteúdos factuais – as notícias de última hora – e de informações para multiplataformas e mídias, pela transposição de conteúdos para a rede e pelo gerenciamento de *publishers*, páginas de dados, canais e redes sociais digitais para gerar interatividade com o público-alvo e hiperconectar os documentos lincáveis.

O profissional precisa ser capacitado e estimulado a adaptar-se a rotinas e práticas jornalísticas na produção e na circulação das informações em multitelas. Hoje, o ciberjornalista desenvolve conteúdos diferenciados e interativos para *sites* jornalísticos, redes sociais digitais e *blogs*. Ele roteiriza e grava conteúdos audiovisuais e radiofônicos para uma plataforma semelhante, que, muitas vezes, converge múltiplas narrativas. Essa nova geração, que substitui o conteúdo analógico pelo digital, catalisa a onda dos nativos digitais, aqueles nascidos na última década, permeados pela tecnologia. Afinal, nos dias atuais, uma criança com 3 anos já está assistindo aos principais desenhos de sua época com um *tablet* ou acessando *playlists* por meio de celulares.

Além disso, um dos grandes desafios na produção de conteúdos jornalísticos por veículos de comunicação é o uso de setores estratégicos organizacionais atentos às demandas de uma redação digital (Ferrari, 2004). Os departamentos de fotografia, arte e infografia, financeiro, recursos humanos, suporte técnico e operacional, entre outros, devem viabilizar o progresso de seus profissionais e catalisar instrumentos que assegurem o exercício do jornalismo digital.

Quadro 5.1 – Habilitações para profissionais atuarem no ciberjornalismo

Habilitação	Como?
Instrumental	Capacitar-se por meio de ferramentais digitais que proporcionem o avanço na qualidade e na dinâmica dos conteúdos ciberjornalísticos.
Operacional	Dispor de instrumentos que possibilitem atingir os objetivos da habilitação instrumental, ou seja, ter *hardware* e *software*.
Pessoal	Adotar uma visão humanística, social e ética para a utilização dos recursos instrumentais e operacionais disponíveis na produção de conteúdos ciberjornalísticos.
Acadêmica	Reciclagem de conceitos sobre o ciberjornalismo e aplicação e experimentação de técnicas nos ambientes acadêmico e profissional.

Quando pensamos em um conteúdo, o áudio e o vídeo parecem mais atrativos do que o texto, mas causam confusão se não são anunciados ou se não permitem aos ciberusuários a rápida seleção daquilo em que estes estão mais interessados. Enganam-se os ciberjornalistas que acreditam ser mais fácil para o ciberusuário ouvir um conteúdo, por meio de *podcast* ou áudio adicional ao material informativo, ou assistir a um vídeo, *videocast* ou material audiovisual correlato ao conteúdo abordado do que fazer a leitura de um texto. O ciberusuário não tem tempo para fazer o escaneamento das informações em áudio e vídeo ou mesmo para ouvir e assistir a algo em meio a suas atividades ou seus trajetos. A esse respeito, Franco (2008, p. 172) acrescenta que

> ainda é muito difícil fazer buscas nesses conteúdos, o que significa que o texto continua sendo o meio mais importante, quando se trata de buscar informação. Num ambiente de negócios, ainda vemos usuários muito irritados com o áudio – especialmente quando não é anunciado – e frustrados quando o conteúdo de vídeo não lhes permite 'escanear' (passar os olhos sobre) a parte da mensagem que mais lhes interessa. A este respeito, meios "mais ricos" realmente acabam sendo "mais pobres" que o texto porque são essencialmente formatos lineares, sincrônicos. Os textos, por outro lado, podem ser lidos na diagonal (escaneados), segmentados, resumidos e reutilizados (traduzidos, formatados, linkados, transmitidos) muito mais facilmente que o conteúdo de áudio e vídeo. (Franco, 2008, p. 172)

Os textos continuam sendo mais rápidos e de acesso instantâneo. A seguir, mostramos como a lógica de transposição dos conteúdos mudou. Antes, era padrão essa transposição de conteúdos nas redações impressas, televisivas e radiofônicas. Hoje, a lógica da rede mudou essa noção. Transpor do tradicional para o digital não caracteriza a existência de cibermeios. O inverso é permitido, mas pouco testado.

∴ Transposição do conteúdo do digital para o tradicional

Os modelos de negócio no jornalismo sofrem constante influência dos meios digitais e enfrentam um processo de readaptação. Isso não é novidade para profissionais aspirantes ou atuantes há anos no mercado ciberjornalístico. Um dos grandes desafios é modificar a lógica de transposição de conteúdos dos meios tradicionais para os digitais – isto é, os caminhos impresso-*web*, TV-*web* e rádio-*web*. A informação circula por outros estatutos estabelecidos pelos consumidores em redes digitais, exigindo a readaptação do percurso para *web*-impresso, *web*-TV e *web*-rádio.

O leitor do impresso, o telespectador e o ouvinte querem o conteúdo sobre *shows*, apresentações, eventos ou acontecimentos criados a partir de espaços digitais. A rede social de vídeos YouTube apresenta eventos ao vivo. A Netflix é um *streaming* de vídeos em larga expansão e merece ser observada com atenção. Surgem novidades a todo momento em publicações nessa rede e em outras.

Os ciberjornalistas devem estar atentos ao espaço de acontecimento virtual e transpor os conteúdos digitais gerados para a mídia tradicional. Esse parece ser o novo caminho jornalístico a ser percorrido, capaz de trazer ganho de público e receitas. Um exemplo desse percurso inverso são os e-Sports – os esportes digitais. Hoje, as emissoras televisivas de canal fechado, a exemplo de SporTV e Esporte Interativo, transmitem campeonatos de League of Legends (LoL) e de futebol por *videogame* ao vivo. Os campeonatos movimentam muito investimento publicitário e midiático.

5.3
Novas funções ciberjornalísticas

Nos últimos anos, o jornalismo se tornou um empacotador de notícias, pois a produção delas deixou de ser algo recorrente nas redações. O que se faz atualmente é o recebimento de materiais de agências de notícias – fontes primárias para cibermeios – ou veículos conveniados, a alteração de um título, a mudança de um parágrafo, a mescla de notícias e a ligação com um item correlato num *hiperlink*. A especialista Pollyana Ferrari (2004) preocupava-se com o fato de as redações brasileiras perderem a capacidade de inovar, debater e investir em novas possibilidades, o que acabou se confirmando posteriormente.

O *The New York Times*, em 2011, a partir de um modelo chamado *metered paywall* (muro de pagamento), mudou a forma de ver a produção ciberjornalista oferecida gratuitamente. O sistema poroso ou flexível permite o acesso aos conteúdos restritos apenas depois de uma assinatura mensal. Um número limitado de 20 matérias do jornal norte-americano poderia ser acessado pelo internauta. Hoje, no Brasil, há veículos que utilizam o sistema "pague para consumir" a partir de cinco matérias ao mês.

O temor da perda de audiência nos portais e *sites* ciberjornalísticos brasileiros não se confirmou. O sistema agradou aos consumidores, ampliando em 27% a média de assinaturas mensais na comparação entre 2014 e 2015, segundo balanço divulgado em novembro de 2016 pela Associação Nacional dos Jornais ANJ (2016). Em setembro de 2016, por exemplo, a assinatura de 33 jornais brasileiros monitorados pela associação cresceu 20% em relação a setembro de 2015. A *Folha de S.Paulo* é o primeiro jornal brasileiro a ter circulação digital maior do que a impressa, meta alcançada em agosto de 2016.

Para manter a qualidade e os investimentos em estrutura e pessoal, a tendência é que todos os cibermeios tradicionais em território brasileiro adotem a cobrança por conteúdos, o *paywall*, diante da queda de vendagem e assinaturas dos veículos impressos. Apesar disso, o ciberusuário continua migrando de um *site* para outro quando atinge o limite de visualizações de notícias gratuitas. Portais como *G1* (Globo), *R7* (Record), *Terra* e *UOL* ainda permitem o livre acesso a seus conteúdos.

Outro episódio que mostra as estratégias das empresas jornalísticas em suas operações digitais ocorreu em outubro de 2012. Então 154 diários nacionais afiliados à Associação Nacional de Jornais (ANJ) – entre eles O Globo, Estadão, Folha de S. Paulo e Zero Hora – proibiram o Google que indexasse seu conteúdo, alegando que o buscador estava se beneficiando de conteúdo alheio, pelo qual não pagava. Aproximadamente 90% dos periódicos brasileiros não permitem redirecionamento de seu conteúdo para sítio de busca, porque afirmam que existe uma competência de respeito aos anunciantes. (Barbosa, 2016, p. 57)

Para Salaverría (2016, p. 33), surgem novas funções nas redações a partir da consolidação e da extensão do jornalismo digital, como "redatores de continuidade informativa, repórteres multimídia, editores de mídias sociais, desenhistas digitais, infografistas interativos, produtores de vídeo para a web, analistas de audiências, editores para dispositivos móveis". Essas funções estão presentes no dia a dia dos cibermeios para gestão multimídia e de novas mídias. A seguir, segundo nossas compreensões e com base em Tejedor Calvo (2010), listamos outras dez possibilidades de cargos para profissionais do ciberjornalismo que podem emergir em um contexto de economia da ciberinformação, para garantir qualidade de conteúdo informativo:

1. **Analista de conteúdos digitais** – Abrange consumidores de informação jornalística dos cibermeios nas plataformas digitais, pois o suporte aos leitores – ao mesmo tempo, ouvintes e telespectadores, em razão da multimidialidade – deve ser contínuo.

2. **Assistente de informação na redação** – É um "profissional 'júnior' encarregado de ler os e-mails de outro jornalista (geralmente, de renome ou responsável de setor)" (Tejedor Calvo, 2010, p. 77, tradução nossa). Em outras palavras, ele recebe, lê e responde aos *e-mail*s recebidos pelo jornalista. É um profissional que, no dia a dia, pode ajudar a selecionar o que existe de mais relevante. Destacamos que esse profissional deve ser um estudante de Jornalismo.

3. **Auditor de informação** – É instruído a selecionar qual "informação é útil para que uma empresa possa cumprir seus objetivos. Deve evitar que sistemas de proteção e filtro da auditoria dificultem a entrada de informação útil na empresa" (Tejedor Calvo, 2010, p. 78, tradução nossa). Esse profissional carrega semelhança com o assistente de informação na redação, porém se diferencia pelo fato de não ler *e-mail*s de

jornalistas e evitar que os sistemas de seleção e descarte de informação se desfaçam de conteúdos relevantes para um cibermeio.

4. **Buscador de informação na rede** – A função desse profissional na redação é "buscar e processar informação procedente de internet, aplicando um critério ou perspectiva jornalística. Estes profissionais se encarregam ainda de oferecer a informação solicitada de maneira dosificada e precisa" (Tejedor Calvo, 2010, p. 78, tradução nossa). Portanto, ele rastreia, coleta e direciona os conteúdos para análise de outro profissional indicado pelo cibermeio, que trata e dá sentido ao conteúdo. Os conteúdos podem ser usados pelos jornalistas para futuras pautas.

5. **Curador digital** – É encarregado de selecionar conteúdos na rede para construção de conteúdos jornalísticos precisos. A função dele não se mistura com a do buscador de informação na rede. Esse profissional pode ser um editor ou ocupar outro cargo funcional, de acordo com hierarquias estabelecidas pelos cibermeios. Ele constrói os textos em forma de boletins, mantém a qualidade dos conteúdos para atingir a audiência desejada e rastreia os conteúdos relevantes de concorrentes ou canais de informação assinados pelos cibermeios.

6. **Distribuidor da informação** – Esse profissional necessita "prover de informação uma série de conteúdos aos 'clientes' que previamente manifestaram seus interesses e suas preferências informativas" (Tejedor Calvo, 2010, p. 78, tradução nossa). Esse jornalista é responsável por encaminhar conteúdos especializados para veículos de comunicação digitais ou outras empresas que precisam obter informações específicas sobre seu escopo de trabalho. Ele não necessariamente dá assistência a empresas jornalísticas.

7. *Freelancer* **digital** – Esse profissional "cobre conteúdos de interesse informativo que acontecem em lugares onde o meio não dispõe de correspondentes ou onde o meio não pode ter um enviado especial" (Tejedor Calvo, 2010, p. 77, tradução nossa). É um correspondente do local de origem do conteúdo jornalístico. As redações digitais usam esse profissional constantemente na cobertura de incidentes e conflitos. Destacamos ainda que ele pode ser encarregado de transmitir informações por multimeios na narração de um conteúdo em *lives* do Facebook ou alimentar em tempo real, nas mídias sociais ou *sites* dos cibermeios, o que acontece no local do fato jornalístico. Além disso, ele pode atuar no sistema de *marketing* de conteúdo para canais corporativos e agências que redigem conteúdos para empresas de

comunicação. Algumas empresas podem usar o nome *correspondente para Facebook e Twitter*, pela atenção dada às novas mídias.

8. **Intermediário de informação** – É um profissional contratado para encaminhar "informação atualizada e de qualidade sobre determinado tema. Desse modo, a empresa se assegura de obtém uma informação de maneira instantânea e imediata que a permita tomar decisões beneficiosas" (Tejedor Calvo, 2010, p. 78, tradução nossa). Ou seja, os conteúdos são específicos sobre o tema escolhido e qualificados e corretos para não gerar desinformação.

9. **Responsável de conteúdos** – É o "profissional encarregado da supervisão dos conteúdos *on-line* de uma empresa, do tipo que seja, para garantir sua qualidade, originalidade e caráter diferencial dos mesmos" (Tejedor Calvo, 2010, p. 78, tradução nossa).

10. **Webmaster** – Dá assistência técnica especializada na *web*. Entre suas atribuições estão ser "encarregado de atualizar conteúdos, velar pela manutenção da *web*, criar *links*, mudar a imagem da *web*, introduzir as inovações necessárias, etc." (Tejedor Calvo, 2010, p. 78, tradução nossa).

É preciso observar atentamente os interesses de comunidades. Para isso, sugere-se a criação de um grupo de leitores que analisem periodicamente o jornalismo praticado pelos profissionais do cibermeio. Afinal, os internautas e cidadãos jornalistas querem participar das notícias e das reportagens produzidas pelos veículos de comunicação. Pesquisas diretas com as audiências também merecem ser realizadas periodicamente.

∴ Ciberjornalismo para dispositivos móveis

Fazer jornalismo exige pensar as multiplataformas de veiculação dos cibermeios. É planejar novas narrativas e possibilidades de conteúdos, formatos e estruturas capazes de atingir usuários que sentem, ouvem, veem e falam via dispositivos móveis, principalmente *tablets* e *smartphones*. A gestão editorial dos conteúdos precisa ser pensada em modelos separados da edição digital dos grandes veículos tradicionais digitais. Uma equipe multidisciplinar, multitarefa e dinâmica deve produzir conteúdos dinâmicos e interativos.

Os novos agentes reconfiguram as práticas desde a produção até a recirculação e o consumo de informação, que originam um novo ciclo de inovação com o surgimento de aplicativos (apps) jornalísticos para *tablets* (Barbosa, 2016). No fim da tarde, alguns cibermeios utilizam um acumulado das principais informações ao longo do dia ou compilados da semana, chamados *apps vespertinos*. Eles são caracterizados por apresentar o uso de recursos multimídia, como vídeos, fotos, galerias de imagens em 3D ou 360°, infografias e interatividade tátil (Barbosa, 2016).

A *Gazeta do Povo*, por exemplo, é o primeiro veículo brasileiro a circular integralmente, desde 1º de junho de 2017, em plataformas digitais. O conceito adotado é o do *mobile first*, e a produção passa a privilegiar os usuários de dispositivos móveis, como *smartphones* e *tablets*. Vários *podcasts*, vídeos e transmissões ao vivo em redes sociais digitais são realizados privilegiando o usuário dos meios digitais. O veículo adota, ainda, a geolocalização com a opção de seleção de assuntos locais, regionais ou nacionais.

Os cibermeios devem investir cada vez mais em produções realizadas por meio de dispositivos móveis visando às redes sociais digitais. Instagram Stories, Snapchat, YouTube, Facebook e Twitter são os grandes canais de concentração das narrativas na rede. O WhatsApp é um exemplo de aplicativo em que verificamos um crescimento exponencial no consumo de notícias, conforme revela a pesquisa *Digital News Report 2017*, divulgada pelo Instituto Reuters de Jornalismo. Os indicadores demonstram que 46% dos brasileiros usam o aplicativo de mensagens instantâneas para o consumo de notícias (Reuters Institute, 2017).

O *Financial Times* faz bom uso do WhatsApp para encaminhamento de artigos desde maio de 2016. O veículo, que privilegia o noticiário econômico, investiu no envio de dois artigos por dia aos usuários na busca de novas audiências e fidelização do público.

As notícias focavam no mercado financeiro, já que esse é o interesse específico dos consumidores de conteúdo do jornal. Eis aí um bom exemplo de como o jornalismo precisa investir mais no aplicativo, ser o mediador de notícias, debates e entrevistas e articular informações precisas para o novo público consumidor de informação no Brasil.

∴ Jornalismo de dados

Processar, selecionar e trabalhar metadados é gerar resultados inovadores e provocadores sobre assuntos abordados constantemente em coberturas ciberjornalísticas. A criação de narrativas multimídia a partir de banco de dados é motivo de atenção de especialistas e estudiosos das redes telemáticas. O ator na rede pode modificar as formas de gerenciamento dos dados segundo seus critérios, estabelecendo relações e filtrando dados, quando possível, para gerar padrões de análise.

> Enquanto a interface gráfica media [sic] a interação entre o usuário e o hardware, o motor do sítio representa os aspectos mecânicos: o software e o hardware que gera as páginas consultadas pelos usuários do sistema. O elemento essencial desta dupla estrutura são as bases de dados que armazenam toda a informação, incluindo as estruturas lógico-matemática

para a organização dos dados e a arquitetura da informação que orienta a consulta, a recuperação da informação e possibilita a composição das narrativas acessadas pela interface gráfica. (Machado, 2007, p. 117)

O ciberjornalista, em meio ao emaranhado de informações disponíveis, cataloga os dados com a apuração de grandes materiais resultantes de sua investigação jornalística. Processados os documentos, surgem iniciativas criativas, interativas e dinâmicas a partir da utilização de bancos de dados filtráveis. As ferramentas usadas para rastrear, coletar, investigar e visualizar os dados levantados pela pesquisa são essenciais para a consolidação de informações privilegiadas a serem transmitidas para banco de dados. Barbosa (2007) afirma que a estrutura, a organização e a divulgação de informações potencializadas pelos metadados são amparadas por classificações internas (indicadores internos tabulados) e externas, que favorecem novas tematizações (contexto temporal, geográfico, histórico, cultural ou religioso, por exemplo).

As apostilas RAC (Reportagem com o Auxílio do Computador) são o primeiro instrumento para chegar a dados e informações. São muito comuns em cursos oferecidos por instituições renomadas de apoio e suporte às ações jornalísticas no Brasil e no mundo. Elas são compostas de dicas, recursos para maximização do uso de *softwares* e materiais de suporte para verificação e pesquisa de informações levantadas na rede.

O armazenamento e a transferência de materiais disponíveis nas redes de acesso aos dados públicos representam um grande repositório de assuntos para reportagens no ciberjornalismo. Um bom exemplo de trabalho com jornalismo de dados e exploração de arquivos de ordem pública é o Livre.jor (2017), uma mídia independente que inova no uso do jornalismo feito em base de dados para produzir um jornalismo de serviço público paranaense.

Navegue

LIVRE.JOR. Disponível em: <http://livre.jor.br>. Acesso em: 27 jul. 2018.

A interferência do ciberjornalista na extração de informações úteis nos grandes bancos de dados exige a limpeza de colunas e linhas insignificantes para o processo de pesquisa, checagem e cruzamento de informações. A publicação em plataformas de conteúdo deve ser planejada com cuidado para gerar o efeito desejado. Entendemos, assim como Barbosa (2007), que é possível usar bancos de dados para criar novos gêneros e narrativas no ciberjornalismo no futuro.

Perguntas & respostas

Como ocorreram os casos recentes de vazamento de dados?

Vazamentos de dados são exemplos de enfrentamento aos poderes estabelecidos pelo uso adequado de planilhas e *softwares* avançados, capazes de mostrar irregularidades cometidas em gestões e revelar informações privilegiadas.

Recentemente, o jornalista Julian Assange virou figura conhecida por divulgar informações confidenciais e documentos sigilosos de governos e empresas no WikiLeaks, uma organização sem fins lucrativos na Suécia.

O ex-técnico da CIA Edward Snowden é outro nome conhecido por divulgar detalhes do programa de espionagem e vigilância da segurança dos Estados Unidos e monitoramento telefônico de personalidades políticas em todo o mundo. Eles consultaram grandes bases de dados privilegiadas e restritas.

Hoje, porém, ao examinar bancos de dados e extrair dados desconhecidos e úteis, dependemos de *softwares* avançados capazes de viabilizar o que chamamos *mineração de dados* (*data mining*). No Laboratório de Estudos sobre Imagem e Cibercultura (Labic), na Universidade Federal do Espírito Santo (Ufes), o jornalista Fábio Malini (2017) trouxe um exemplo de extração de dados por esse instrumento ao produzir conhecimento a partir de padrões de coleta de informações. Vale uma visita ao *site* para a visualização dos gráficos gerados a partir da coleta de dados das redes telemáticas.

Navegue

LABITEC – Laboratório de Estudos sobre Imagem e Cibercultura. **Cartografias**. Disponível em: <http://www.labic.net/cartografias/>. Acesso em: 27 jul. 2018.

Síntese

Novos caminhos para o ciberjornalismo

- ▸ **Transformações**
  (segunda tela)
  (cidadão jornalista)
  (curadoria)
- ▸ **Desafios**
  No *marketing*
  (vendas e conteúdos)
  (informes publicitários)
- ▸ **Desafios**
  No profissional
  (habilitações)
  (transposição para o digital)

- ▸ **Oportunidades**
  Cobrança de conteúdo
  (*paywall*)
- ▸ **Oportunidades**
  (novas funções)
  (dispositivos móveis)
  (jornalismo de dados)

Questões para revisão

1. Explique como o cidadão jornalista está interferindo no processo de produção jornalística e o conflito com ciberjornalistas.

2. Qual destes benefícios **não** diz respeito ao uso de dispositivos móveis?
   a) Aumento do uso de Instagram Stories, WhatsApp, Snapchat, YouTube, Twitter, Facebook e Youtube para transmitir informações.
   b) Uso de aplicativos específicos.
   c) Exibição de vídeos, *podcasts* e transmissões em tempo real em redes sociais digitais.
   d) Antirregressão instantânea e edição de páginas dos meios tradicionais.

3. Como podemos usar o jornalismo de dados nos cibermeios?

4. Fala-se hoje de um processo de curadoria jornalística em andamento. Sobre o trabalho com a informação, **não** cabe ao jornalista curador fazer:
   a) a seleção.
   b) o tratamento.
   c) o maqueamento.
   d) a circulação.

5. Sobre a linguagem jornalística digital atual, assinale a alternativa **incorreta**:

a) A escrita é multimídia, hipertextual e interativa.

b) Os jornalistas trabalham em redações coletivas ou como *freelancers*.

c) O *gatekeeper* foi substituído pelo *gatewatching*.

d) O jornalista deve abdicar de pensar e executar.

Para concluir...

Depois do que foi comentado nesta obra, nos planos teórico e prático, é possível concluir que o ciberjornalismo precisa ser trabalhado constantemente para gerar novos significados e conhecimentos. Repensamos, renovamos e reconfiguramos os gêneros jornalísticos, introduzimos novos olhares sobre as características da comunicação digital, pensamos a forma de planejar e construir o conteúdo informativo e, por fim, introduzimos caminhos possíveis para o jornalismo.

Agora, você pode estar se perguntando: O ciberjornalismo sofrerá adaptações nas formas de produção, valoração, distribuição, circulação, recirculação e redistribuição? A resposta é enfática: Sim, novos avanços a cada dia! Com a leitura desta obra, esperamos que profissionais, estudantes ou interessados nos temas aqui tratados possam descrever novos horizontes para o ciberjornalismo.

Relembremos, então, alguns conteúdos tratados no livro na busca pelo tesouro do ciberjornalismo:

- Explicitamos que estruturas, formatos e conteúdos são o alicerce da construção do pensamento de gêneros, que foram reconfigurados e renovados pela convergência.
- Propusemos uma análise teórica e prática para explicar a mudança do padrão de gêneros de meios tradicionais para os gêneros ciberjornalísticos.
- Detalhamos os formatos antigos e novos de acordo com os gêneros ciberjornalísticos.
- Verificamos os dez principais elementos estruturais das redes comunicacionais digitais.
- Constatamos que a hipertextualidade, a hipermidialidade e a interatividade influenciam as percepções teóricas e práticas.
- Alertamos sobre os cuidados que devem ser tomados no planejamento de conteúdos informativos para a *web* nas etapas de pesquisa, checagem e redação de informações.
- Listamos algumas estratégias para a produção de redação para a web.
- Comentamos algumas transformações, desafios e oportunidades comuns na área.

Nesse percurso, observamos a multiplicidade de recursos, instrumentos e possibilidades de experimentação do ciberjornalismo. Aproveitamos ainda para sugerir a nomenclatura de *gêneros ciberjornalísticos diversionais híbridos*. Defendemos a necessidade de repensar a lógica da transposição dos meios tradicionais para o meio digital. Agora é o inverso. Muitos jornalistas que produzem conteúdos em seus próprios perfis nas redes sociais digitais conseguem ser mais influentes do que os veículos em suas *fanpages* ao transmitir o mesmo conteúdo.

Enfim, essas são algumas demandas a serem absorvidas. Desejamos que as informações constantes nesta obra deem vias a novos olhares para um campo que precisa ser explorado e observado constantemente.

Pretendo que meus 20 anos de estudos na área sejam revigorados constantemente gerando novas contribuições nos próximos anos. Então, um até logo! A viagem não para, pois o ciberjornalismo nunca para!

Para exercitar A

Chegou o momento de praticar e consolidar os conhecimentos absorvidos neste livro. Para isso, busque por um conteúdo informativo em *sites*. Sugerimos os portais de notícias *G1*, *UOL* ou *Terra* por concentrarem grande fluxo de audiência. Depois de selecionar o texto, você deve:

- identificar a qual gênero ciberjornalístico este texto pertence;
- aplicar as regras do formato do respectivo gênero ciberjornalístico e se certificar de que as dicas estão incorporadas no conteúdo informativo;
- verificar quais são as características e elementos visualizados facilmente no conteúdo informativo;
- destrinchar as estratégias de planejamento do conteúdo informativo e realizar a correção de eventuais equívocos cometidos (para isso, considere as estratégias de redação para a *web* que comentamos ao longo da obra);
- constatar se alguns dos avanços observados em transformações, desafios e oportunidades do ciberjornalismo foram aplicados.

É importante que o texto coletado esteja na íntegra para comparação. A experimentação do assimilado nesta obra é fundamental. Boa prática!

Para exercitar B

Para intensificar os esforços na busca de uma linguagem satisfatória para o novo jornalismo em cibermeios, propomos um esforço:

1. Identifique: um perfil de mídia independente no site da Agência Pública (consulte o Mapa do Jornalismo Independente[1]); um cibermeio tradicional – qualquer veículo de comunicação tradicional; uma plataforma jornalística de *blog* no Medium[2]; e um canal no YouTube que produza conteúdos jornalísticos.

2. Durante uma semana, compare como esses cibermeios tratam assuntos similares: estilo de redação (lide jornalístico), forma de narração das histórias, fontes entrevistadas, aprofundamento dos dados e uso de recursos hipermidiáticos.

---

1   Disponível em: <https://apublica.org/2016/11/o-que-descobrimos-com-o-mapa-do-jornalismo-independente/>. Acesso em: 26 jul. 2018. Acesse também <https://infogram.com/1993f8b1-14cc-4aa9-bf8a-f21165efb352>.
2   MEDIUM. Disponível em <http://medium.com/>. Acesso em: 23 jul. 2018.

Estudo de caso

As mudanças de consumo de informação e novas audiências alertam os meios de comunicação, principalmente os tradicionais, sobre a necessidade de se adaptar às transformações na comunicação digital. Os consumidores exigem produtos comunicacionais voltados a seus interesses. Entender a sociedade é fundamental para a produção de um jornalismo com qualidade e influente entre os leitores. Nesse contexto, fiscalizar e monitorar as ações sociais é objeto jornalístico. Veículos brasileiros como *Folha de S.Paulo*, *Gazeta do Povo*, *Nexo*, *Nova Escola* e *Veja* estão atentos à necessidade de entender a sociedade.

Diante desse panorama, uma iniciativa inovadora que mede a influência do jornalismo na sociedade, o Impacto.jor, surgiu do interesse de se verificar o impacto de reportagens na sociedade. O *software* criado permite reportar e agregar impactos para avaliar o desempenho das equipes no jornalismo e mostrar para a sociedade que consome a informação de um meio de comunicação que ele tem influência na sociedade e importância para as mudanças nela ocorridas. Isso evidencia a relevância do veículo para a sociedade. Essa é uma experiência inédita propiciada pelo Google News Lab, no Brasil, em parceria com o Instituto para o

Desenvolvimento do Jornalismo (Projor). Ao redor do mundo, o News Lab já ajudou a criar o First Draft, projeto executado por veículos e agências francesas, que hoje conta com a parceria do Facebook. O modelo do Impacto.jor usa como base experiências de ONGs norte-americanas, como The Marshall Project e ProPublica.

Segundo o Impacto.jor, robôs são usados para vasculhar redes sociais, *sites* de governo e, na rede, menções aos veículos parceiros. Assim, são selecionados os conteúdos que "representam alguma mudança de política pública, amplificação de uma investigação, repercussão entre influenciadores, políticos ou outros veículos de mídia, etc." (Impacto.jor, 2017). Os jornalistas dos veículos parceiros fazem outras observações de impactos sociais em formulários. Por fim, o programa reúne todas essas informações e produz um dossiê para ajudar cada meio de comunicação parceiro. Destaca em sua página que novos parceiros serão adicionados ao projeto.

Essas informações levantadas pelo Impacto.jor podem revelar, por exemplo: como a descoberta de um esquema de corrupção é capaz de garantir a devolução de dinheiro público desviado ou estancar a sangria dos cofres públicos; como uma obra orçada e que custou mais aos cofres públicos pode ser descoberta pelo jornalismo de dados e checagem de informações; ou mesmo como uma melhoria de um problema social pode ajudar dezenas ou centenas de pessoas de uma comunidade ou bairro. Colocar os atores sociais em situações desconfortáveis ou propiciar a busca pela transparência nas ações de agentes públicos e a garantia de bem-estar social passam a ser objeto de atenção nessas análises.

Navegue

FIRST DRAFT. Disponível em: <https://firstdraftnews.org/project/field-guide-fake-news/>. Acesso em: 26 jul. 2018.

GOOGLE NEWS LAB. Disponível em: <https://gweb-newslab-qa.appspot.com/>. Acesso em: 26 jul. 2018.

PROJOR. Disponível em: <https://www.projor.org.br/>. Acesso em: 26 jul. 2018.

PROPUBLICA. Disponível em: <http://www.propublica.org/>. Acesso em: 7 ago. 2018.

THE MARSHALL PROJECT. Disponível em: <https://www.themarshallproject.org/>. Acesso em 26 jul. 2018.

Referências

9/11 TEN Years Later. **CNN**. Disponível em: <http://edition.cnn.com/SPECIALS/2011/september11/index.html>. Acesso em: 24 jul. 2018.

A CINCO dias da eleição na Câmara, nove partidos já anunciaram apoio a Maia. **G1**, Política, Brasília, 28 jan. 2017. Disponível em: <http://g1.globo.com/politica/noticia/a-cinco-dias-da-eleicao-na-camara-nove-partidos-ja-anunciaram-apoio-a-maia.ghtml>. Acesso em: 19 jul. 2018.

AGÊNCIA PÚBLICA. **O mapa do jornalismo independente**. Disponível em: <http://apublica.org/mapa-do-jornalismo>. Acesso em: 7 ago. 2018.

ALMEIDA, M. R. Tímido ao ser abordado em público, Dalton Trevisan afirma não ser quem é. **Folha de S.Paulo**, 7 maio 2015. Ilustrada, Curitiba. Disponível em: <http://www1.folha.uol.com.br/ilustrada/2015/05/1625543-timido-ao-ser-abordado-em-publico-dalton-trevisan-afirma-nao-ser-quem-e.shtml>. Acesso em: 24 jul. 2018.

ALVES, C. K. **Salvando Curitiba**: uma proposta de newsgame sobre a história de Curitiba a partir do Plano Agache. Trabalho de Conclusão de Curso (Graduação em Jornalismo) – UniBrasil Centro Universitário, Curitiba, 2015. Disponível em: <https://tccunibrasil.files.wordpress.com/2010/05/tcc-salvando-curitiba-camile-kogus.pdf>. Acesso em: 23 jul. 2018.

ANJ – Associação Nacional dos Jornais. **Após adotar paywall, jornais brasileiros batem recorde de audiência e vendem cada vez mais assinaturas digitais**. 10 nov. 2016. Disponível em: <http://www.anj.org.br/2016/11/10/apos-adotar-paywall-jornais-brasileiros-batem-recorde-de-audiencia-e-vendem-cada-vez-mais-assinaturas-digitais/>. Acesso em: 7 ago. 2018.

A RENÚNCIA do presidente. **O Globo**, 19 jun. 2017. Editorial. Disponível em: <https://oglobo.globo.com/opiniao/editorial-renuncia-do-presidente-21365443>. Acesso em: 19 jul. 2018.

BAKHTIN, M. **Speech Genres and Other Late Essays**. Austin: University of Texas Press, 1986.

BARBOSA, S. Brasil. In: SALAVERRÍA, R. **Ciberperiodismo en Iberoamérica**. Madrid: Ariel, 2016. p. 37-60.

BARBOSA, S. Sistematizando conceitos e características sobre o jornalismo digital em base de dados. In: BARBOSA, S. (Org.). **Jornalismo digital de terceira geração**. Covilhã: Universidade da Beira Interior, 2007. p. 127-154.

BASTOS, H. Ciberjornalismo: dos primórdios ao impasse. **Revista Comunicação & Sociedade**, v. 9, n. 10, 2006. Disponível em: <http://revistacomsoc.pt/index.php/comsoc/article/view/1158/1101>. Acesso em: 24 jul. 2018.

BENKLER, Y. **The Wealth of Networks**: How Social Productions Transforms Markets and Freedom. New Haven and London: Yale University Press, 2006.

BERTOCCHI, D. Gêneros jornalísticos em espaços digitais. In: CONGRESSO DA ASSOCIAÇÃO PORTUGUESA DE CIÊNCIAS DA COMUNICAÇÃO (SOPCOM), 4., 2005, Aveiro. Livro de Actas. Disponível em: <http://revistas.ua.pt/index.php/sopcom/article/view/3271/3033>. Acesso em: 18 jul. 2018.

BOGOST, I.; FERRARI, S.; SCHWEIZER, B. **Newsgames**: Journalism at Play. The Mit Press, 2010.

BRUM, E. O Brasil desassombrado pelas palavras-fantasmas. **El País**, 10 jul. 2017. Opinião. Disponível em: <https://brasil.elpais.com/brasil/2017/07/10/opinion/1499694080_981744.html>. Acesso em: 19 jul. 2018.

BRUNS, A. **Gatewatching**: Collaborative Online News Production. New York: Peter Lang, 2005.

CABRAL "empobreceu" no Brasil e guardou secretamente fortuna no Exterior. **GaúchaZH**, 5 fev. 2017. Política, Transferência de valores. Disponível em: <https://gauchazh.clicrbs.com.br/politica/noticia/2017/02/cabral-empobreceu-no-brasil-e-guardou-secretamente-fortuna-no-exterior-9713740.html>. Acesso em: 15 jul. 2018.

CABRERA, L. C. Pare de ser egoísta. **Exame**, 12 jul. 2017. Você S/A. Disponível em: <http://exame.abril.com.br/carreira/o-bem-comum/#>. Acesso em: 19 jul. 2018.

CAPRA, F. Vivendo redes. In: DUARTE, F.; QUANDT, C.; SOUZA, Q. (Org.). **O tempo das redes**. São Paulo: Perspectiva, 2008. p. 17-29.

CARVALHO, C.; BRÍGIDO, C.; SOUZA, A. de. Juízes auxiliares do STF terminam de ouvir delatores da Odebrecht. **O Globo**, 27 jan. 2017. Disponível em: <http://oglobo.globo.com/brasil/juizes-auxiliares-do-stf-terminam-de-ouvir-delatores-da-odebrecht-20835794>. Acesso em: 25 jul. 2018.

CASTELLS, M. **Communication Power**. New York: Oxford University Press, 2009.

CIDADE da Copa. **Globo Esporte**. Disponível em: <http://app.globoesporte.globo.com/copa-do-mundo/cidade-da-copa/>. Acesso em: 20 jul. 2018.

COSTA, L. A. da. **Teoria e prática dos gêneros jornalísticos**: estudo empírico dos principais diários das cinco macro-regiões brasileiras. Dissertação (Mestrado em Comunicação Social) – Universidade Metodista de São Paulo, São Bernardo do Campo, 2008.

COUTINHO, M.; MACEDO, F. Juízes auxiliares do Supremo concluem audiências com 77 delatores da Odebrecht. **Estadão**, 27 jan. 2017. Política, Blogs. Disponível em: <http://politica.estadao.com.br/blogs/fausto-macedo/juizes-auxiliares-do-supremo-concluem-audiencias-com-77-delatores-da-odebrecht/>. Acesso em: 25 jul. 2018.

DANA, S. Como você mede a opinião de um especialista antes de tomar uma decisão? **G1**, 5 fev. 2017., Blog do Samy Dana. Disponível em: <http://g1.globo.com/economia/blog/samy-dana/post/como-voce-mede-opiniao-de-um-especialista-antes-de-tomar-uma-decisao.html>. Acesso em: 25 jul. 2018.

DELANY, P.; LANDOW, G. **Hypertext, Hypermedia and Literary Studies**: The State of The Art. Cambridge: The MIT Press, 1994.

DÍAZ NOCI, J. Los géneros ciberperiodísticos: un aproximación teórica a los cibertextos, sus elementos y su tipología. In: CONGRESO IBEROAMERICANO DE PERIODISMO DIGITAL, 2., 2004, Santiago de Compostela. Disponível em: <http://www.ufrgs.br/limc/participativo/pdf/generos.pdf>. Acesso em: 27 jul. 2018.

DÍAZ NOCI, J.; SALAVERRÍA, R. **Manual de redacción ciberperiodística**. Barcelona: Ariel, 2003.

DIVERSÃO na era digital. Disponível: <http://cargocollective.com/ovoabril/filter/online/DIVERSAO-NA-ERA-DIGITAL>. Acesso em: 20 jul. 2018.

DIZARD JUNIOR, W. **A nova mídia**: a comunicação de massa na era da informação. 3. ed. Rio de Janeiro: J. Zahar, 2000.

EDO, C. El lenguaje y los géneros periodísticos en la narrativa digital. In: BARBOSA, S. (Org.). **Jornalismo digital de terceira geração**. Covilhã: Universidade da Beira Interior, 2007. p. 7-24.

ESTADÃO. Infográficos. **Carnaval 2015**. Disponível em: <http://infograficos.estadao.com.br/public/especiais/carnaval-2015/>. Acesso em: 20 jul. 2018a.

ESTADÃO. Infográficos. **Os toupeiras**: a história do furto ao Banco Central. Disponível em: <http://infograficos.estadao.com.br/public/cidades/os-toupeiras-furto-banco-central/>. Acesso em: 20 jul. 2018b.

FAROL JORNALISMO. Disponível em: <https://medium.com/farol-jornalismo>. Acesso em: 23 jul. 2018.

FERRARI, P. **Jornalismo digital**. 2. ed. São Paulo: Contexto, 2004.

FERREIRA, P. H. Todos somos publishers. In: FERRARI, P. **Comunicação digital na era da participação**. Porto Alegre: Ed. Fi, 2016. p. 70-90.

FIRESTORM. **The Guardian**. 23 May 2013. Disponível em: <https://www.theguardian.com/world/interactive/2013/may/26/firestorm-bushfire-dunalley-holmes-family>. Acesso em: 27 jul. 2018.

FOGGIATO, A. D.; LIMA, J. B.; STORCH, L. S. Curadoria: uma nova possibilidade para a produção jornalística. In: CONGRESSO DE CIÊNCIAS DA COMUNICAÇÃO DA REGIÃO SUL, 17., 2016, Curitiba. Disponível em: <http://www.portalintercom.org.br/anais/sul2016/resumos/R50-0358-1.pdf>. Acesso em: 26 jul. 2018..

FRANCO, G. **Como escrever para a web**: elementos para a discussão e construção de manuais de redação online. Texas: Knight Center for Journalism in the Americas, 2008. Disponível em: <https://knightcenter.utexas.edu/como_web_pt-br.pdf>. Acesso em: 18 jul. 2018.

FUCS, J. A decentralização do poder. **Estadão**, 14 jan. 2017. Política Disponível em: <https://politica.estadao.com.br/noticias/geral,a-descentralizacao-do-poder,10000100131>. Acesso em: 25 jul. 2018.

GAZETA DO POVO. **Perfil**. Disponível em: <http://www.gazetadopovo.com.br/vida-e-cidadania/especiais/perfil/>. Acesso em: 27 jul. 2018.

GIBSON, W. **The Peripheral**. Disponível em: <http://www.williamgibsonbooks.com/books/the_peripheral.asp>. Acesso em: 8 ago. 2018.

IMPACTO.JOR. Disponível em: <http://www.impacto.jor.br/>. Acesso em: 26 jul. 2018.

JENKINS, H. Convergence? I Diverge. **MIT Technology Review**, Massachussets, June 2001. Disponível em: <https://www.technologyreview.com/s/401042/convergence-i-diverge/>. Acesso em: 27 jul. 2018.

JENKINS, H. **Cultura da convergência**. São Paulo: Aleph, 2006.

KILIAN, C. **Writing for the Web**. North Vancouver: International Self-Consuel Press, 2000.

LAGE, N. **Estrutura da notícia**. São Paulo: Ática, 2004.

LEÃO, L. **O labirinto da hipermídia**: arquitetura e navegação no ciberespaço. 3. ed. São Paulo: Iluminuras, 2005.

LEVY, P. **Cibercultura**. São Paulo: Ed. 34, 1999.

LONGHI, R. R. A grande reportagem multimídia como gênero expressivo no ciberjornalismo. In: SIMPÓSIO INTERNACIONAL DE CIBERJORNALISMO, 6., 2015, Campo Grande. Disponível em: <http://www.ciberjor.ufms.br/ciberjor6/files/2015/03/LONGHICIBERJOR.pdf>. Acesso em: 19 jul. 2018.

LORES, R. J. Jornalismo aprofundado tem mercado, diz editor do 'Washington Post'. **Folha de S.Paulo**, 2 maio 2015. Mercado, Washington. Disponível em: <http://www1.folha.uol.com.br/mercado/2015/05/1624037-jornalismo-aprofundado-e-serio-tem-um-mercado-enorme-diz-editor-do-washington-post.shtml>. Acesso em: 25 jul. 2018.

MACEDO, C. Amor maior: a história de menino anão. **ZH**, 25 nov. 2016. Disponível em: <http://zh.clicrbs.com.br/rs/vida-e-estilo/noticia/2016/11/amor-maior-a-historia-de-um-menino-anao-8455992.html>. Acesso em: 19 jul. 2018.

MACHADO, A. Hipermídia: o labirinto como metáfora. In: DOMINGUES, D. (Org.). **A arte no século XXI**: a humanização das tecnologias, São Paulo: Ed. da Unesp, 1997. p. 144-154.

MACHADO, E. A base de dados como espaço de composição multimídia. In: BARBOSA, S. (Org.). **Jornalismo digital de terceira geração**. Covilhã: Universidade da Beira Interior, 2007. p. 111-126.

MALINI, F. Como o discurso de ódio amplia a viralidade do noticiário político no Facebook. **LABIC – Laboratório de Estudos sobre Imagem e Cibercultura**, 28 jun. 2017. Disponível em: <http://www.labic.net/cartografia/como-o-discurso-de-odio-amplia-a-viralidade-do-noticiario-politico-no-facebook/>. Acesso em: 27 jul. 2018.

MALUCELLI, D. Autuori quer tranquilidade do Atlético na Colômbia: "Sem traumas se for eliminado". **Gazeta do Povo**, 4 fev. 2017. Esporte. Libertadores. Disponível em < https://www.gazetadopovo.com.br/esportes/futebol/atletico-pr/autuori-quer-tranquilidade-do-atletico-na-colombia-sem-traumas-se-for-eliminado-6h537dlbxa85esdtxs6pu9plo>. Acesso em: 25 jul. 2018.

MARTÍNEZ ALBERTOS, J. L. **Redacción periodística**: los estilos y los géneros en la prensa escrita. Barcelona: A.T.E., 1974.

MEADOWS, M. Putting the Citizen Back Into Journalism. **Journalism SAGE Publications**, v. 14, n. 1, p. 43-50, 2013.

MELO, J. M. de. **Jornalismo**: compreensão e reinvenção. São Paulo: Saraiva, 2009.

MELO, J. M. de; ASSIS, F. de. Gêneros e formatos jornalísticos: um modelo classificatório. **Intercom**, São Paulo, v. 39, n. 1, p. 39-56, jan./abr. 2016. Disponível em: <http://www.scielo.br/pdf/interc/v39n1/1809-5844-interc-39-1-0039.pdf>. Acesso em: 27 jul. 2018.

MOURA, L. de S. **Como escrever na rede**: manual de conteúdo e redação para internet. Rio de Janeiro: Record, 2002.

OLIVEIRA, M.; RAMALHO, R. Juízes do gabinete de Teori concluem audiências com delatores da Odebrecht. **G1**, 21 jan. 2017. Operação Lava Jato, Política, Brasília, Disponível em: <http://g1.globo.com/politica/operacao-lava-jato/noticia/juizes-do-gabinete-de-teori-concluem-audiencias-com-delatores-da-odebrecht.ghtml>. Acesso em: 25 jul.2018.

OMAR, Y. Using Snapchat to Give a Voice to Sexual Abuse Survivors. **The Guardian**, 24 Aug. 2016. Disponível em: <https://www.theguardian.com/media-network/2016/aug/24/snapchat-give-voice-sexual-abuse-survivors?CMP=share_btn_tw>. Acesso em: 24 jul. 2018.

ORIHUELA, J. L. eCommunication: The 10 Paradigms of Media in the Digital Age. In: SALAVERRÍA, R.; SÁDABA, C. (Ed.). **Towards New Media Paradigms**: Content, Producers, Organizations and Audiences. Pamplona: Eunate, 2004. p. 129-135.

PALACIOS, M. **Jornalismo online, informação e memória**: apontamentos para debate. 2002. Disponível em: <http://www.facom.ufba.br/jol/pdf/2002_palacios_informacaomemoria.pdf>. Acesso em: 24 jul. 2018.

PALACIOS, M.; DÍAZ NOCI, J. **Ciberperiodismo**: métodos de investigación: una aproximación multidisciplinar en perspectiva comparada. Bilbao: Universidad del País Vasco, 2009.

PALACIOS, M.; RIBAS, B. Ferramenta para análise de memória em cibermeios. In: PALACIOS, M. (Org.). **Ferramentas para análise de qualidade no ciberjornalismo**. Covilhã: Universidade da Beira Interior, 2011. v. 1: Modelos. p. 183-206.

PARK, H. W.; THELWALL, M. Rede Hyperlinks: estudo da estrutura social na internet. In: DUARTE, F.; QUANDT, C.; SOUZA, Q. (Org.). **O tempo das redes**. São Paulo: Perspectiva, 2008. p. 171-216.

PINHO, J. B. **Jornalismo na internet**: planejamento e produção da informação online. São Paulo: Summus, 2003.

RENÓ, D.; RENÓ, L. Linguagens e interfaces para o jornalismo transmídia. In: CANAVILHAS, J. (Org.). **Notícias e mobilidade**: o jornalismo na era dos dispositivos móveis. Covilhã: Universidade da Beira Interior, 2013. p. 55-70.

REUTERS INSTITUTE. **Digital News Report 2017**. Disponível em: <https://reutersinstitute.politics.ox.ac.uk/sites/default/files/Digital%20News%20Report%202017%20web_0.pdf>. Acesso em: 27 jul. 2018.

SALAVERRÍA, R. **Ciberperiodismo en Iberoamérica**. Madrid: Ariel, 2016.

____. Multimedialidade: informar para cinco sentidos. In: CANAVILHAS, J. (Org.). **Webjornalismo**: 7 características que marcam a diferença. Covilhã: Universidade da Beira Interior, 2014. p. 25-52.

____. **Redacción periodística en internet**. Pamplona: EUNSA, 2005.

____. Tipología de los cibermedios periodísticos: bases teóricas para su clasificación. **Revista Mediterránea de Comunicación**, v. 8, n. 1, p. 19-32, 2017. Disponível em: <http://www.mediterranea-comunicacion.org/article/view/2017-v8-n1-tipologia-de-los-cibermedios-periodisticos-bases-teoricas-para-su-clasificacion>. Acesso em: 19 jul. 2018.

SALAVERRÍA, R.; CORES, R. Géneros periodísticos en los cibermedios hispanos. In: SALAVERRÍA, R. (Coord.). **Cibermedios**: el impacto de internet en los medios de comunicación en España. Sevilla: Comunicación Social Ediciones y Publicaciones, 2005. p. 145-185.

SANTOS, M. C. de. Textos gerados por software: surge um novo gênero jornalístico? **Revista de Estudos da Comunicação**, Curitiba, v. 15, n. 38, p. 274-291, set./dez. 2014. Disponível em: <http://www.labcomdata.com.br/wp-content/uploads/2015/06/Textos-gerados-por-software.pdf>. Acesso em: 23 jul. 2018.

SEIXAS, L. **Redefinindo os gêneros jornalísticos**: proposta de novos critérios de classificação. Covilhã: Universidade da Beira Interior, 2009. Disponível em: <http://www.livroslabcom.ubi.pt/pdfs/20110818-seixas_classificacao_2009.pdf>. Acesso em: 19 jul. 2018.

SEU FILHO entrou agora na escola? Veja 5 dicas para lidar. **Gazeta do Povo**, 1º fev. 2017. ViverBem, Comportamento. Disponível em <https://www.gazetadopovo.com.br/viver-bem/comportamento/seu-filho-entrou-agora-na-escola-veja-5-dicas-para-lidar/>. Acesso em: 25 jul. 2018.

SILVA, W. C. da. Newsgames: webjornalismo e conexões com jogos eletrônicos. **Renefara**, v. 2, n. 2, 2012. Disponível em: <http://www.fara.edu.br/sipe/index.php/renefara/article/view/65/55>. Acesso em: 27 jul. 2018.

"SOBREVIVI a um estupro coletivo no dia do meu casamento". **BBC Brasil**, 30 jun. 2017. Disponível em: <http://www.bbc.com/portuguese/internacional-40449647>. Acesso em: 24 jul. 2018.

SQUARISI, D. **Manual de redação e estilo para mídias convergentes**. São Paulo: Geração Editorial, 2011.

SQUARISI, D.; SALVADOR, A. **A arte de escrever bem**: um guia para jornalistas e profissionais do texto. 3. ed. São Paulo: Contexto, 2005.

SZABÓ, I. Políticas de drogas. **Nexo**, 16 abr. 2017. Entrevista. Disponível em: <https://www.nexojornal.com.br/video/video/Os-leitores-entrevistam-Ilona-Szab%C3%B3-sobre-pol%C3%ADtica-de-drogas>. Acesso em: 19 jul. 2018.

TEJEDOR CALVO, S. (Ed.). **Ciberperiodismo**: libro de estilo para ciberperiodistas. Santo Domingo: ITLA, 2010.

THE YEAR in Pictures 2016. **The New York Times**. Disponível em: <https://www.nytimes.com/interactive/2016/12/22/sunday-review/2016-year-in-pictures.html?_r=0>. Acesso em: 23 jul. 2018.

TWITTER. **Twitter para websites**: informações de anúncios e privacidade. Disponível em: <https://help.twitter.com/pt/twitter-for-websites-ads-info-and-privacy>. Acesso em: 24 jul. 2018.

VENTURINI, L. Como Doria tenta se colocar como o anti-Lula no cenário político. **Nexo**, 14 jul. 2017. Disponível em: <https://www.nexojornal.com.br/expresso/2017/07/14/Como-Doria-tenta-se-colocar-como-o-anti-Lula-no-cen%C3%A1rio-pol%C3%ADtico>. Acesso em: 25 jul. 2018.

WALKING New York. **The New York Times Magazine**. Disponível em: <https://www.nytimes.com/interactive/2015/04/22/magazine/new-york-city-walks.html>. Acesso em: 23 jul. 2018.

WILKSON, A. Em um motel, lutador desidrata e entra em agonia antes de sua grande luta. **UOL**, 1º fev. 2017. Disponível em: <https://esporte.uol.com.br/mma/ultimas-noticias/2017/02/01/em-um-motel-lutador-desidrata-e-entra-em-agonia-antes-de-sua-grande-luta.htm?cmpid=fb-uol>. Acesso em: 19 jul. 2018.

Respostas

Capítulo 1

1. A notícia é apresentada de forma rápida, por meio de uma fácil leitura e exposição daquilo que ocorreu. É o gênero preferencial dos cibermeios por ter o atrativo de trazer as informações verdadeiras, inéditas ou atuais de última hora – *hard news* ou *breaking news*. Já a reportagem trabalha a informação de forma aprofundada, destrinchada e tratada. Explica fenômenos importantes, interpreta os assuntos densos, catalisa transformações ao recortar aspectos objetivos e subjetivos da sociedade. Dessa forma, a notícia, por ser rápida, é um gênero ciberjornalístico informativo. Por sua vez, a reportagem é um gênero ciberjornalístico interpretativo.

2. Estudar o ciberjornalismo e seus gêneros exige entender o conteúdo, o formato e a estrutura. A gama de conteúdos espalhados pelo ciberespaço propicia novas formas de pensar a mescla de gêneros em instrumentos na prática do jornalismo digital. A convergência jornalística emana nesse processo de integração de modos de comunicação que atingem cibermeios, profissionais e audiências desde sua produção até o consumo (Palacios; Díaz Noci, 2009). Estes cibergêneros estão sendo renovados e reconfigurados pela visão hipertextual, multimídia e interativa potencializada pela internet (Tejedor Calvo, 2010). No campo do jornalismo, tais estruturas, formatos e conteúdos precisam ser repensados constantemente, seja pelo perfil organizacional diferenciado ou pelo direcionamento exclusivo de narrativas transmidiáticas. Elas

resultam num redesenho necessário para configurarmos um espaço de produção de conteúdos jornalísticos para a *web* e mostrar por que o esboço de gêneros e formatos do meio impresso não sustentam todos os avanços da comunicação digital e da readaptação dos meios tradicionais.
3. d
4. b
5. a

Capítulo 2

1. A instantaneidade é o tempo real, um fetiche que faz os veículos de comunicação, por exemplo, replicarem imediatamente na rede os conteúdos de última hora. A rede permite a publicação imediata de informações a qualquer instante.
   Já a fisiologia está relacionada à fadiga visual em frente ao computador. Algumas estratégias para leitura em frente às multiplataformas permitem amenizar os impactos provocados na visão de seus consumidores.
2. Porque toda a linguagem na comunicação digital está sustentada pelos conteúdos textuais, audiovisuais, sonoros e por outros meios difundidos na rede. Desde um *link* a um conteúdo que difere do texto impresso até os elementos que propiciam maior interação em tempo real entre consumidores e produtores de conteúdo diferenciam a internet de outras mídias.
3. b
4. c
5. d

Capítulo 3

1. A produção de informações na rede exige cuidados dos profissionais ciberjornalistas responsáveis por divulgar uma informação com qualidade. Logo, a adoção de critérios de validação de fontes, dados obtidos e comparação é fundamental no processo de construção de conteúdos jornalísticos para a *web*. É necessário assegurar com rigor a veracidade das informações levantadas e checar informações de profissionais especializados, informações de ciberusuários, de organizações, e em *sites* da *web* ajudam na verificação de informações e fontes.
2. A construção de um texto jornalístico *on-line* deve seguir o modelo básico da pirâmide invertida, ou seja, o conteúdo deve ser disposto de acordo com uma ordem de importância, usada pela primeira vez em 1861, no jornal norte-americano *The New York Times*. O método da pirâmide invertida vertical prevê o uso da informação mais importante antes (fato principal), seguida das informações secundárias (dados, entrevistas, fatos secundários relacionados ao fato principal). O texto jornalístico deve conter um lide, segundo modelo proposto por Laswell, com sua estrutura composta de seis perguntas fundamentais, que devem ser respondidas no topo da pirâmide invertida: O quê? (ação/acontecimento); Quem? (agente/sujeito da ação); Quando? (tempo); Onde? (lugar); Como? (modo); Por quê? (motivo). Por isso, sua importância.
3. c
4. b
5. a

Capítulo 4

1. Para responder a essa questão, consulte o Quadro 4.1.
2. Eliminar artigos definidos (o, a, os e as) e indefinidos (um, uma, uns e umas), pronomes (todo, toda, todos e todas) e pronomes possessivos (seu, sua, seus e suas) de textos e títulos.

3. c
4. d
5. a

Capítulo 5

1. O conteúdo produzido pelos cidadãos jornalistas pode ser encarado como amador, desprovido de um trabalho de pesquisa, apuração, checagem e demais critérios de noticiabilidade postos em prática pelos profissionais de cibermeios ou estudantes em processo de maturação profissional. O jornalista tem habilidade para atração de audiências. Entretanto, o cidadão jornalista torna-se notícia e fato primário e secundário em reportagens, contextualiza materiais multimídia e interativos, e conecta-se à dinâmica dos meios tradicionais de forma rápida. Ele participa ao enviar imagens para os cibermeios, vídeos para as *web* TVs, captação sonora para web-rádios. A participação do cidadão jornalista no dia a dia do jornalismo, seja da mídia tradicional, seja nos cibermeios, ampliou-se nesses últimos anos. Ele é, ao mesmo tempo, personagem e produtor de conteúdos em meios de comunicação.
2. d
3. O ciberjornalista, em meio ao emaranhado de informações disponíveis, cataloga os dados com a apuração de grandes materiais resultantes de sua investigação jornalística. Processados os documentos, surgem iniciativas criativas, interativas e dinâmicas a partir da utilização de bancos de dados filtráveis. As ferramentas usadas para rastrear, coletar, investigar e visualizar os dados levantados pela pesquisa são essenciais para a consolidação de informações privilegiadas a serem transmitidas para banco de dados.
4. c
5. d

Sobre o autor

Gabriel Bozza é doutorando em Ciência Política pela Universidade Federal do Paraná (UFPR) e mestre em Comunicação pela mesma instituição. É jornalista pela Pontifícia Universidade Católica do Paraná (PUCPR) e professor universitário na graduação do UniBrasil Centro Universitário. Além disso, produziu conteúdos para a disciplina de Radiojornalismo na graduação e na pós-graduação em Gestão de Empresas em Radiodifusão (ambas na modalidade EaD) do Centro Universitário Internacional Uninter.

Há uma década estuda, trabalha com e ensina jornalismo digital. É professor de Jornalismo e Publicidade e Propaganda do UniBrasil Centro Universitário, onde ministra disciplinas teóricas e laboratoriais de Novas Mídias, em que busca refletir e experimentar possibilidades com ciberjornalismo.

Na UFPR, atuou como professor no Departamento de Comunicação Social. Ao lado do jornalista José Carlos Fernandes, desenvolveu nas disciplinas que ministrou a reflexão e a experimentação sobre a prática dos jornalismos digital e impresso. Ainda no mestrado, ministrou uma disciplina sobre redes sociais digitais e comunicação digital para alunos de Jornalismo, Publicidade e Propaganda e Relações Públicas da UFPR.

No jornal *Gazeta do Povo*, com sede em Curitiba, trabalhou de 2008 a 2011 na programação de internet e como repórter na plataforma digital do periódico de maior circulação no estado do Paraná. Pôde acompanhar as evoluções na forma de fazer jornalismo digital e na estrutura da equipe. Participou de campanhas digitais e de especiais, e atuou também como redator de reportagens sobre os mais variados assuntos em todas as editorias no segmento digital.

Os papéis utilizados neste livro, certificados por instituições ambientais competentes, são recicláveis, provenientes de fontes renováveis e, portanto, um meio responsável e natural de informação e conhecimento.

FSC MISTO
Papel produzido a partir de fontes responsáveis
FSC® C103535

Impressão: Reproset
Fevereiro/2023